国家社会科学基金项目（08BTQ035）

信息运动生态协同演进研究

裴成发　著

科学出版社

北　京

内 容 简 介

本书基于生态学的基本理论与方法，推出信息运动生态的基本理念。提出信息运动生态系统应由信息时空分布链、信息运动链和信息生态链共同构成的基本观点，突破了传统信息生态链单一的研究思路。明确指出无论三种不同结构链中任何要素的变化将会影响整个生态系统动态平衡的基本思想。利用学科交叉理论和方法对信息场的拓展与收缩、对信息生态位的位移、对信息生态链以及对信息运动生态的协同演进等问题进行分析。

本书适用于高等院校信息资源管理的教师和科研人员，相应专业研究生和本科生，从事信息资源管理、图书情报与档案管理、政务信息管理等人员参考。

图书在版编目(CIP)数据

信息运动生态协同演进研究 / 裴成发著 . —北京：科学出版社，2014.4
ISBN 978-7-03-040172-4

Ⅰ. 信⋯ Ⅱ. 裴⋯ Ⅲ. 信息学—研究 Ⅳ. G201

中国版本图书馆 CIP 数据核字（2014）第 047423 号

责任编辑：李 敏 吕彩霞 / 责任校对：李 影
责任印制：徐晓晨 / 封面设计：李姗姗

科 学 出 版 社 出版
北京东黄城根北街 16 号
邮政编码：100717
http://www.sciencep.com

北京科印技术咨询服务公司 印刷
科学出版社发行 各地新华书店经销

*

2014 年 4 月第 一 版 开本：720×1000 1/16
2017 年 2 月第三次印刷 印张：10 1/2
字数：220 000

定价：98.00 元

（如有印装质量问题，我社负责调换）

目　　录

|第 1 章| 绪　论

1.1　研　究　背　景

自 20 世纪 60 年代信息生态学于美国诞生后，在 40 多年的发展实践中，已经产生了较大影响。从发展过程看包括两个基本阶段：第一阶段从诞生到 20 世纪 80 年代末期；第二阶段为 20 世纪 80 年代后期至今。纵观国内外的研究成果分别主要就以下问题进行研究。

1.1.1　国外研究状况

为了对国外研究总体情况有一个基本把握，针对以上两阶段，主要用 Springer 数据库将 "Information Ecology" 作为一个主题词检索到 103 篇（去除 search for all words "Information Ecology"），其中图书章节 61 篇、期刊文章 41 篇、其他 1 篇。而在 103 篇中出版发行 101 篇、在线发行（未出版）2 篇。如果将主题词拆分，检索的结果大于 103 篇，如计算机科学 70 篇，人文、社会科学和法律 27 篇，软件工程（software engineering）23 篇，Artificial Intelligence（incl. Robotics）22 篇，Computer Communication Networks 19 篇，工程学 17 篇，Database Management 15 篇，Data Encryption 14 篇，Computation by Abstract Devices 14 篇，Algorithm Analysis and Problem Complexity 13 篇。从研究的内容看，国外对信息生态研究主要集中在以下方面。

（1）对信息生态要素的研究。不同学科领域的专家、学者从各自学科领域角度对涉及信息生态学的相关问题展开研究，主要涉及传播学、伦理学、社会学等学科领域，如传播学者 H. 马歇尔·麦克卢汉（H. Marshall McLuhan）提出的 "媒介生态" 概念，主要就信息传播的媒介对文化产生的生态影响等问题进行了深入的研究。进入 20 世纪 70 年代，美国社会科学家 G. M. 温伯格（G. M. Weinberg）于 1971 年在《计算机程序编写心理学》一书中，对 "信息生态中的伦理问题" 进行了研究。他指出信息伦理主要就在于解决由于信息生态系统的不完备而导致的信息不对称以及由于信息不对称出现的信息主体的信息道德问题和逆行选择问题。到1999年，邦尼·A. 纳迪（Bonnie A. Nardi）和维基·L. 欧戴（Vicki L. O'Day）在《信息生态：用心使用技术》（*Information ecologies：using technology with heart*）中将信息生态定义为"特定环境里由人、实践、价值和技术构成的一个系统"，认为信息生态系统里占核心地位的不是技术，而是由技术支持的人的活动。因此，对信息伦理问题展开研究，实际就是对信息生态要素问题的开始揭示。

（2）对信息生态的初步系统性研究。该方面研究主要出现在20世纪80年代后，以1989年德国信息与传播生态学研究所的建立为起点。这一阶段的研究已经开始体现了层次性和系统性，该所当时集中精力从信息生态的政策规范角度，对电信产业政策、媒体安全政策、信息产业的正负面作用与影响等多方面进行了广泛研究。而同时德国学者拉斐尔·卡普罗（Rafael Capurro）在《信息生态学进展》和《迈向信息生态学》中又集中将"信息污染、信息平衡、数字鸿沟"等作为研究对象进行探讨。1995年，大卫·L. 阿什德（David L. Atheide）出版了《传播生态学：控制的文化范式》（*An Ecology of Communication：Cultural Formats of Control*），研究了信息在传播过程中面临的生态问题，探讨了信息技术及其范式与政治、文化、社会现象之间的关系，强调要确立媒介与环境、人与自然和谐相处的新型价值观和资源观，构建正确的信息传播与消费模式，确保媒介生态的总体平衡和良性循环。

（3）对企业信息生态的研究。美国著名学者托马斯·H. 达文波特（Thomas H. Davenport）与劳伦斯·普鲁萨克（Laurence Prusak）于1997年在《信息生态学：掌握信息与知识环境》（*Information Ecology：Mastering the Information and Knowledge Environment*）一书中，以企业信息化为研究背景，提出了企业信息生态学概念，并结合信息管理理论对信息环境中人与组织的关系进行分析。这是较早的企业信息生态研究成果。

（4）对知识生态的研究。早在1975年，加拿大沃伊切霍夫斯基（Wojciec-howski）教授创立知识生态学，对知识、人类及社会之间的相互关系进行了开创性的研究，初步构建了知识生态系统体系。直到目前，国外学者对信息生态学的研究涉及信息生态学相关概念、研究方法、信息生态技术等方面的问题，同时还涉及信息生态应用等。

1.1.2　国内研究状况

国内对信息生态的研究起步较晚，大约开始于20世纪90年代，快速发展为

2005 年以来，如表 1-1 和图 1-1 所示。

表 1-1　国内三种数据库关于"信息生态"检索结果

数据库	1990~1995 年	1996~2000 年	2001~2005 年	2006~2010 年	小计	备注
维普资讯	2	7	40	137	186	—
中国知网	3	6	26	108	143	截至 2009 年
万方数据	0	7	29	153	189	其中学位和会议论文 20 篇

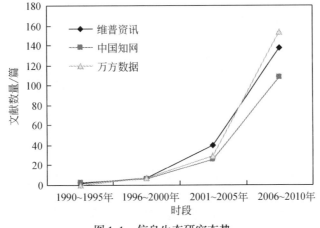

图 1-1　信息生态研究态势

从相关数据库对"信息生态"检索看，维普资讯 1990~2010 年共有 186 篇。其中，1990~1995 年有 2 篇、1995~2000 年共 7 篇、2001~2005 年 40 篇、2006~2010 年 137 篇。概括起来，国内学者对信息生态问题的探索与研究重点主要集中在以下方面。

（1）对信息生态定义与内涵的研究。以 1990 年张新时院士提出信息生态学的概念为标志。当时主要就生态学领域（自然生态系统）为研究对象，运用信息技术对自然生态系统进行建模分析[①]。到 2002 年，张福学在其《信息生态学的初步研究》中，对信息生态、信息生态系统和信息生态学等概念进行了分析，并比较了信息生态学与信息管理的区别。

---

① 修永富，张桂芸，贾花萍．信息生态学对网络教育资源库建设的指导意义．现代教育技术，2008，18（9）：84-86.

（2）对信息生态调控的研究。1995 年，陈曙在《信息生态的失调与平衡》一文中，对信息生态系统的失调问题进行了探讨；1996 年，他又发表论文《信息生态研究》，对信息生态学进行了较为系统的研究。从信息超载、信息垄断、信息侵犯、信息污染和信息综合症五个方面剖析了信息生态失调的基本形态，然后又从信息的生产和消费、信息的储存和传递、信息的民主和法制、信息的污染和净化以及信息生态的综合治理等方面论述了与之相应的信息生态平衡。1998 年，李美娣在《信息生态系统的剖析》一文中，对信息生态系统的要素、信息生态系统的功能、信息生态的组成成分等问题进行了详细的探讨。2000 年谢立虹在《网络空间中的信息生态问题》一文中，从信息生态学角度分析了网络信息的生态环境和信息管理手段。对企业信息生态的研究。2001 年，蒋录全在《信息生态学——企业信息管理的新范式》一文，应用信息生态理论对企业信息生态模型进行了研究。2003 年，崔保国在《媒介是条鱼——关于媒介生态学的若干思考》一文中系统总结了国内外媒介生态学研究的发展情况，对媒介生态系统等概念进行了研究和界定，并且提出了媒介生态"六界"说，对媒介生态系统进行了明确划分。对信息生态战略方面进行研究。2003 年，蒋录全在《信息生态与社会可持续发展》一书中，系统地对信息生态进行了具有战略性的研究。2005 年，田春虎在《信息生态问题初探》一文中从人与社会信息环境协调发展的角度出发，在宏观层面上对整个社会信息环境及其与人的相互关系进行了考察。从目前的研究状况看，国内对信息生态学的研究逐渐兴起，尽管国内的研究仍然处于初兴阶段，但至少可以看出这种势头不错。从与国外的比较看，有成果认为系统性、科学规范以及中国本土化策略分析方面略显不足。

我们认为，当前国内对信息生态的研究正处在国外 20 世纪 90 年代的水平，原因有以下四个方面：①不同学科的专家学者仍然站在各自学科领域的角度来探讨问题，即对信息生态进行系统性的研究还不够。②信息生态应该是基于信息运动的一个螺旋发展的循环系统。③信息运动生态系统应该由信息生态位、信息生态场、信息生态链构成。而信息生态链中主要包括信息场位系统、信息运动系统，即信息生产、组织与处理和转移与利用；信息环境系统，即政治、文化、科技、经济和政策法律系统。这三个系统在内涵上相互交融在一起才构成完整的信息运动生态系统。④信息是运动的，生态是变化的，信息生态链是不断震荡的。从研究规模上看，我们的研究仍然处在初始阶段，从 1995 ~ 2008 年在中国期刊网上能够以"信息生态""网络生态"检索到的相关文献仅 71 篇①。因此，如何基于信息运动理念来探讨信息运动生态的变化规律，从而促使信息运动生态协同演进，正是本书研究的基本背景。

1.2　研究的主要内容

在信息化和知识经济时代，信息、知识及技术已经成为支撑人类社会发展必需的资源，然而信息及知识的生产、处理、传播、转化与应用的效果如何，主要取决于信息生态要素的完备程度、信息生态链的价值增值能力、信息生态系统中的信息人、信息场、信息生态位等的协同能力，尤其是在动态发展中的协同演进与人类信息需求水平和要求的客观一致性。因此，为了对信息生态问题进行系统研究，主要集中在以下方面。

（1）信息生态要素。主要以论纲的方式对其研究内容及相关要素进行阐述，以此进行定性化揭示。

（2）信息生态描述。主要基于可拓学的基本原理对信息生态系统中构成信息场、信息生态位、信息生态链，乃至信息运动生态系统中的基本要素信息种群、环境、资源、技术、活动等进行形式化描述。旨在通过定性和定量的结合，进一步为后续问题研究提供一些支持。

信息场。由于信息场与一般场论的内涵是一致的，它是诸多相关要素相互关联与相互作用产生的，通俗一点说，实际上场就是一种氛围。这种氛围会影响信息主体的动机、行为乃至行为结果。因此，在信息场方面主要研究信息场内涵、场力、拓展和收缩，从而判断信息生态环境的优劣。

信息生态位。基于信息生态位宽度、重叠、分离等基本理论，试图通过对信息生态位位移的研究，揭示信息种群在信息场的作用与影响下，其相对地位与功能的变化。

信息生态链。基于价值链理论，将构建信息生态链模型，并从结构、节点、污染等方面进行分析，揭示信息运动和信息生态要素变化对信息生态链的影响。

协同模型构建及评价。从整体的角度对信息运动、信息生态要素、协同模型、协同内涵以及协同效果等进行研究探讨。

---

① 宋天华，文永卓. 信息生态研究的现状和发展. 图书情报工作（网刊），2009，（2）：1-4.

1.3　基本思路和方法

本书主要立足于集合论、价值理论、协同学以及系统科学对信息生态系统进行系统研究，这是基本思路。就方法来说主要包括以下四个方面。

（1）运用调查和统计方法对信息生态位和信息场的分布进行抽样调查并进行统计分析。

（2）应用相应的数理方法对信息生态位的位移幅度与频率进行数学描述并对信息场的拓展与收缩信息场力等进行揭示。

（3）运用价值论方法对信息生态链中的要素个体价值和生态链整体价值进行分析，并运用交叉影响分析法、要素替代影响分析法对信息生态个体要素的变化以及整体信息生态链影响力度进行层次分析。

（4）运用协同学对信息生态系统中的要素关系、关联程度、互动效果以及可持续发展性进行描述和分析。

1.4　重点与创新

从信息位出发，探讨信息生态位、信息场的内涵，在此基础上进一步研究信息生态位和信息场等在信息生态链中的位置和关系，进而探究信息生态位、信息场等变化对信息运动生态的终极影响，最终提出信息运动生态协同演进的基本思想。当然，如何就信息生态位的位移对信息运动产生的影响进行评估；如何对信息场的信息作用力影响程度进行科学判断；如何对信息生态链中的多元结构链之间的直接或间接影响予以把握等，也是本书需要重点讨论的。本书的创新之处主要体现在：一是提出了信息运动生态的基本理念。利用多学科交叉理论和方法通过信息生态位的位移和对信息场的拓展、收缩等对信息运动生态的协同演进问题进行研究。二是提出了信息运动生态系统是由信息时空分布链、信息运动链和信息生态链共同构成的基本结构体系。突破了传统信息生态链单一的研究思路。明确提出了无论三种不同结构链中任何要素的变化都将会影响整个生态系统动态平衡的基本思想。三是提出了信息场、信息生态位、信息生态链和信息生态协同构成了信息运动生态的基本内涵，并运用系统科学的基本思想对系统化模型及内涵进行揭示，进而对信息运动生态复杂巨系统中的协同演进问题进行阐释，同时提出了在对该问题研究中应该注意其可逆与不可逆问题、适应性问题以及共生共发展问题等。这些将为信息生态系统建设的理论与实践提供必要的支持。

第 2 章 信息运动生态协同演进论纲

为了从整体角度进行把握，本章主要结合国内外研究状况，对信息运动生态中的信息场、信息生态位、信息生态链以及整体的协同演进问题进行提纲式描述，旨在提出本书研究的基本框架，为推进本书的深入研究进行必要铺垫。

2.1 问题的提出

众所周知，人类进入 21 世纪后，对信息和信息资源的竞争日趋激烈。如何使信息运动生态实现协同发展，更好地实现信息、技术、知识价值最大化，成为信息生态问题的重要视点之一。例如，卡伦·S. 贝克（Karen S. Baker）和杰弗里·C. 鲍克（Geoffrey C. Bowker）提出："从信息管理角度看，信息管理是介于数据管理和知识管理之间的方式，涉及的要素包括科学、技术、数据、元数据、未来、存在、现在和结构等；如果从社会视野的角度看，信息管理是对数据、设计技术等进行管理与服务的科学。"[①]

回顾信息生态学的发展历程，从过程的角度看大致经历三个阶段：①20 世纪 60 年代为信息生态学的孕育与产生时期，以 H. 马歇尔·麦克卢汉所提出的"媒介生态"和 G. M. 温伯格提出的"信息生态中的伦理问题"为代表，该阶段的主要特点在于对信息生态的分学科及信息生态要素的研究。②20 世纪 70 年代后期到 80 年代为从信息生态要素研究向信息生态系统转移阶段。在这一阶段中，理论界在继续对信息生态要素研究的同时，更加关注信息生态系统的探索。值得提出的是德国学者拉斐尔·卡普罗在其《信息生态学进展》和《迈向信息生态学》中分别对"信息污染、信息平衡、数字鸿沟"和"信息生态构建、语用信息生态构建"等方面进行研究，其成果对后来信息生态研究的进一步深化起到

---

① Baker K S, Bowker G C. Information ecology: open system environment for data, memories, and knowing. J. Intell Inf. Syst., 2007, 29: 127-144.

了非常重要的推动作用。当时较有影响的为1989年德国信息与传播生态学研究所的建立及其对信息生态的政策规范问题的探索，其中对"电信产业政策、媒体安全政策、信息产业的正负面作用与影响"等多方面进行了广泛研究。③20世纪90年代以后为信息生态学的拓展和应用阶段。当以托马斯·H. 达文波特与劳伦斯·普鲁萨克于1997年发表《信息生态学：掌握信息与知识环境》为标志，因为它将信息生态学较早运用到企业的信息生态构建中。从内容的角度看可以概括为四个方面：一是对信息生态要素的研究；二是对信息生态的初步探索；三是对企业信息生态的研究；四是对知识生态的研究，如以沃伊切霍夫斯基教授于1975年创立的知识生态学为代表，他对知识、人类及社会之间的相互关系进行了开创性的研究，初步构建了知识生态系统体系。

　　随着时间的推移，国外目前主要是基于系统科学的思想将信息生态看成是复杂系统并进行更深层次的探索。例如，卡伦·S. 贝克和杰弗里·C. 鲍克在《信息生态：数据、存储和知识的开放系统环境》（*Information ecology：open system environment for data，memories，and knowing*）中将信息生态成分概括为三种类型①。国内对信息生态的研究重点主要集中在：一是对信息生态定义与内涵的研究，以1990年张新时院士提出信息生态学的概念为标志。二是对信息生态调控和生态系统的研究，如陈曙的《信息生态的失调与平衡》（1995）、《信息生态研究》（1996），李美娣的《信息生态系统的剖析》（1998），蒋录全的《信息生态学——企业信息管理的新范式》（2001）、《信息生态与社会可持续发展》（2003），田春虎的《信息生态问题初探》（2005）等。

　　从与国外的比较看，国内对信息生态的研究，不同学科的专家学者仍然站在各自学科领域的角度来探讨问题，对信息生态进行系统性的研究还不够。如何进一步开展对信息生态系统的深层次研究，我们认为应该明确以下基本理念：第一，信息生态应该是基于信息运动的一个螺旋发展的复杂系统。第二，信息运动生态系统应该由信息生态场、信息生态位、信息生态链构成。而信息生态链中主要包括信息场位系统、信息运动系统，即信息生产、组织与处理和转移与利用；信息环境系统，即政治、文化、科技、经济和政策法律系统。这三个系统在内涵上相互交融在一起才构成完整的信息运动生态系统。第三，信息是运动的，生态是变化的，信息生态链是不断震荡的。从信息运动的角度看，无论是生物信息，还是感觉信息均是信息，因为它们同样有符号、符号编码和与符号相对应的信

---

① Baker K S, Bowker G C. Information ecology：open system environment for data, memories, and knowing. J. Intell Inf. Syst. , 2007, (29)：127-144.

号，这和人际间信息运动、工业生产中各个生产环节间的信息运动没有任何原则性差异，只是具体的信息、符号以及信号不同而已。可见信息运动既可以在人与人之间展开、在组织与组织之间展开、在人与组织之间展开，也可以在组织内部、组织外部展开，由此说明信息运动是广泛的。同时由于信息运动不再局限于通信工程和人际间信息运动，而是拓展到生物现象乃至社会现象，这又说明信息运动的普遍性。由于信息在运动的过程中始终是依据其周围环境、运动系统或者是信息生态的不断变化而动态的显示其生存状态的。系统的运动变化包括演化（becoming）都是凭借组成该系统各个部分之间的信息交换实现的，也正是在系统运行中显示信息现实状态。为此，在研究具体的信息运动时，必须对系统性状况一并考察，从而为进一步研究信息运动取得实际的依据①。

在这些理念之下，如何基于信息运动理念，探讨信息运动生态的变化规律，促使信息运动生态协同演进？为了进一步加深对这些问题的认识和理解，这里我们对相关概念进行界定：信息生态是指信息种群在某时间点和具体空间受其环境影响的生存与发展状态，其核心是信息种群，其特征是静态性和单一性。信息运动生态是指信息种群在一定的时间跨度内的不同空间发展演进中所表现的基本规律，其核心仍然是信息种群，其特征是运动性、多元性、变化性和关联性。这两组概念前者表现出一定的静态性和闭环性，而后者表现出的是动态演进性和开放性。再从系统科学的角度看，应该立足于"信息场—信息生态位—信息生态链—信息运动生态系统"这样一个主线展开研究。之所以提出这样的研究思路主要是从其内在的逻辑关系出发的：首先，从"场"的角度看，其本身就是生态要素的交互作用与影响所构成的"氛围"；其次，生态位则是具体的种群在此氛围中的位置或地位；再次，这种地位和位置的生态位是表现在不同的维度上的，而这些不同的维度交织在一起则必然构成生态链；最后，随着时空的变化，信息种群在不同维度上也会发展、演进，这正是需要通过协同理论进行判断的。简言之，对信息种群的发展演进也不例外，这恰恰就是提出这种思路的基本依据。

2.2　从场论到信息场

我们知道，场的概念是用来描述物理量在空间的分布。通常有标量场和矢量场之分，"只有大小的量称为标量（scalar），既有大小又有方向的量称为矢

---

① 乔立恭. 信息化教育基础——自构建学习理论. http：//www. jeast. net/magazine/ebook/contents/01/03. htm［2008-10-12］.

量（vector）"，"若物理量是标量，其场称为标量场（scalar field）；若物理量是矢量，其场称为矢量场（vector field）。"① 基于场的含义，前苏联学者别尔格认为有"信息场"存在。根据香农（Shannon）的信息论，在每个信息场中，含有一定的信息量。相对于其他信息场，它既是信源，也是信宿。因此可以认为，信息场是信息在空间的分布。那么在对信息场的研究中，究竟应该研究什么？归纳起来可以概括为信息场要素及内涵、信息场的场力与场强等。目前不同的学科提出不同看法，如管理学领域，郭咸刚（2006）在《G 管理模式宣言》中将管理场力分为四个基本要素，即权力是决定企业管理模式的基本力量，经济力是企业原始的内在驱动力量，知识力是企业的制胜力量，文化力是决定企业持续发展的核心力量。他认为，以文化力为主导力量、以知识力和经济力为支撑、以权力作为保证的四种场力②。信息学领域，张凯在论及信息场强时提出"主要对信息场的数学结构和可拓展性等进行研究，对信息场对某个信息点的具体作用力，以及场强等进行研究。"③ 因为研究信息场的基本目的在于对信息场的拓展与收缩程度的把握，进而研究信息生态系统的整体变化规律。因此，对信息场的拓展和收缩研究应当是该问题的一个重点。同时在对信息场研究的过程中我们将更加关注由于信息生态的变化而导致的信息场变化方向与规律的研究：具体包括信息场的拓展与收缩的基本机理，信息场拓展与收缩对信息场内、外信息存在方式和信息量的正、负影响，以及对信息运动生态链的振动幅度和振动力等。正如罗德尼·本森（Rodney Benson）对媒体新闻场的辐射影响力研究中发现，媒体新闻场的场力比一般社会场的场力大④。通过这些方面的研究，主要在于清楚地揭示信息场要素的内涵，信息场内部各要素之间的关系，不同信息场之间的关系，以及信息场的场力大小、场级高低等对整个信息运动生态系统的综合影响等。

2.3　从集合论到信息生态位

在对生态位内涵的研究中，1917 年，J. 格林内尔（J. Grinnell）在《加州鹩

---

① 毛钧杰，等. 电磁场与微波工程基础. 北京：电子工业出版社，2004.
② 郭咸刚. G 管理模式宣言. 北京：新华出版社，2006.
③ 张凯. 信息场的性能分析. 情报杂志，2003，（2）：19-20，23.
④ Benson R. Review：field theory in comparative context：a new paradigm for media studies. Theory and Society，1999，28（3）：463-498.

的生态位关系》中重点是研究物种区系，从生物分布的角度解释生态位概念，后人称之为空间生态位。而 1927 年，C. 埃尔顿（C. Elton）在《动物生态学》一书中，首次把生态位概念的重点转到生物群落上来，指出"一个动物的生态位是指它在生物环境中的地位，指它与食物和天敌的关系。"这就是人们所说的"功能生态位"。随着时间的推移，到 1957 年，G. E. 哈钦森（G. E. Hutchinson）建议用数学语言以及抽象空间来描绘生态位。例如，一个物种只能在一定的温度、湿度范围内生活，摄取食物的大小也常有一定限度，如果把温度、湿度和食物大小三个因子作为参数，这个物种的生态位就可以描绘在一个三维空间内；如果再添加其他生态因子，则需增加坐标轴，改三维空间为多维空间，所划定的多维体就可以看作生态位的抽象描绘，哈钦森称之为基本生态位。但在自然界中，因为各物种相互竞争，每一物种只能占据基本生态位的一部分，哈钦森称这部分为"实际生态位"。① 具有代表性的当推格林内尔、埃尔顿和哈钦森分别给出的"空间生态位""功能生态位"和"多维超体积生态位"。② 上述观点足以说明生态位的内涵是非常丰富的。尽管国外学者提出了不同的生态位的概念，但事实上，任何生态位都确实存在地位、空间和功能这些基本要素。

由于信息生态不同于一般的自然生态，它是由信息主体行为的不断实施而构建的。在信息生态位的研究中，应该以生态位的基本理论和思想为依托，构建信息生态位的基本内涵。由于生态位理论对生态位形态的描述呈现多元化模式，因此信息生态位形态的研究当是信息生态位研究的重点之一。之所以强调该问题的研究，应该是基于集合论，因为信息生态的内涵本身就具有集合的含义，如阿列克谢·L. 叶廖明（Alexei L. Eryomin）认为"信息生态被看作是人们在信息交往的社会环境下生存和发展的状态，而且更多地将信息生态看作是一个集合概念，包含了信息的质量、管理、产品和价值以及信息服务与需求的评估等。"③ 鉴于此，该部分主要从集合论的角度对不同集合状态下的信息生态位的内涵揭示、信息生态位形态和信息生态位的位移与影响进行探索。既然信息生态位是以人作为主体，那么信息人必然由于社会分工和社会需求的不同，出现不同层次和不同类型的信息人。因此，对不同类型和不同层次的信息人在信息生态环境中的特定位置进行研究，就需要解决两个方面的问题：一方面是对具有交互关系状态的信息

① http：//www. wiki. cn/wiki2008/7/26［2008-10-31］.
② 朱金兆，朱清科，等. 生态位理论及其测度研究进展. 北京林业大学学报，2003，25（1）：100-107.
③ Eryomin A L. Information ecology-a viewpoint. International Journal of Environmental Studies，1998，54（3/4）.

生态位的研究，如重叠状态、包含状态和交叉状态的不同信息生态位；另一方面是对处于分离状态的信息生态位进行研究，如具有相邻关系、远离关系的生态位等。因为在对生态位形态的研究中，已经提出生态位测度是一个比较综合的概念，包括生态位宽度、生态位重叠、生态位体积和生态位维数等。例如，生态位宽度（niche breadth）是指"一个种群（或其他生物单位）所利用的各种不同资源的总和。一般来说，一个种群的生态位越宽，该物种的特化程度就越小，对环境的适应能力就越强。"[①] 此外，还要对随着信息人时空环境的变化而产生新的信息生态位进一步研究，具体包括信息生态位的位移幅度的判断，信息生态位的位移对原集合内外其他信息生态位的影响，对相关信息场的影响，以及对信息生态链的结构性影响。

2.4　从价值链到信息生态链

在信息生态链研究中，强调价值理论和价值链，其主要原因是构建或优化信息生态链的基本目的在于使信息效用最大化。在任何一种生态系统中通常都要强调价值理论。例如，迈克尔·波特（Michael Porter）在其《竞争优势》中提出的企业价值链，在价值链理论中特别强调组织的基本活动和辅助活动，其基本活动中包括生产经营、市场销售、服务以及企业的内外部后勤活动等。辅助活动包括企业基础设施、人力资源、技术研发和采购等，由这两方面共同作用形成了企业利润获得的基本框架。可见，所谓企业价值链研究就是在研究企业的基本活动和相应的辅助活动来充分增加企业利润。由于信息生态链中包含了信息、信息人和信息环境这些构成信息生态的基本要素，这是信息生态的集中体现。任何组织的信息价值链同样表现在基本活动和辅助活动两个方面，如果利用迈克尔·波特的价值链模型构建的基本思想，我们可以认为信息生态链所包含的基本活动为信息描述、信息组织、信息检索、信息传递与转移等。而这些基本活动的开展必然需要相应的辅助活动，如信息技术基础设施、组织文化和信息资源等。在组织信息价值链的基础上，如何实现信息的效应最大化，就取决于信息生态链的完备和自适应程度。信息生态链研究的关键主要是就信息提供者、信息传播者、信息消费者和信息分解者的价值理念、道德信念以及信息共享的机制、产权约束与保障

---

① 陈睿，洪伟，吴承祯，等. 毛竹混交林主要种群多维生态位特征. 应用与环境生物学报，2004，(6)：724-728.

等问题进行探讨①。这里主要研究两个方面的问题：一方面研究信息生态链的完备程度，即信息生态链要素是否完备，各要素中的要素成分是否完备等；另一方面研究信息生态链的自适应程度，即信息生态链要素或要素成分的异动对信息生态链产生的振动幅度及影响程度，以及是否能够实现自组织和自动修复。这样才有可能提出可以调控和具有风险预防并使信息价值最大化的信息生态链模式。之所以对信息生态链中的要素、要素作用及关联等问题较为重视，是因为"信息生态链是信息生态系统中不同信息人种之间信息流转的链式依存关系。"② 换言之，如果没有一个要素完备、自适应性强的信息生态链，就无法实现信息运动和完成信息流转。

2.5　从协同学到信息运动生态协同

协同学理论源于现代物理学和非平衡统计物理学，是一门研究完全不同的学科中存在的共同本质特征的横断科学，也可称为非平衡系统的自组织理论。协同学也称协同论或协和学。在研究信息运动生态演进问题时，之所以强调需要基于协同学，因为从协同学的内涵上看，主要强调子系统、序参量、自组织。所谓子系统指将研究的对象称为系统，而将组成系统的下一层次称为子系统。序参量是系统相变前后所发生的质的飞跃的最突出标志。自组织是在没有外界因素驱使下，开放式（与环境有物质、能量和信息交换的）系统在其子系统或元素间竞争–合作机制作用下，自发出现新的宏观（整体）有序结构——时间、空间或功能有序新结构的现象。自组织理论是协同学的核心理论③。

信息运动生态是由信息生产者与信息消费者、信息组织者与信息传播者共同构成的信息循环系统。正如前面所提到的卡伦·S. 贝克和杰弗里·C. 鲍克提出的信息生态系统构成（information ecology components）④ 中由项目（project）、团体（community）和合作（合作者）构成一个复杂系统，在项目中涉及场（field）、数据采集（data collection）、组（team）、实践（practice）、重要事件（milestones）、测度（measurement）、异质（heterogeneity）、假设（hypothesizing）、论文（papers）、产品

① 韩刚，覃正. 信息生态链：一个理论框架. 理论与探索，2007，（1）：18-20，32.

② 娄策群，周承聪. 信息生态链中的信息流转. 情报理论与实践，2007，（6）：725-727.

③ 蒋国瑞，杨晓燕，赵书良. 基于协同学的 Multi- Agent 合作系统研究. 计算机应用研究，2007，（5）：63-65.

④ Baker K S, Bowker G C. Information ecology: open system environment for data, memories, and knowing. J Intell Inf. Syst.，2007，（29）：127-144.

（products）、规律（disciplinary）；在团体中包括地方（local）、知识创造（knowledge making）、团体实践（community-of-practice）、社会技术（socio- technical）、设计（designs）、默认（tacit）、综合（integrative）、知识（learning）、界定目标（boundary objects）、程序（processes）、交叉学科（interdisciplinary）；在合作者中含全球（global）、信息流（information flow）、组织（organization）、技术的（technical）、线路（connections）、外在的（explicit）、同质（homogenous）、联盟（federating）、合作（partners）、入口（portals）、跨学科（transdisciplinary）。从该模型中我们可以看出，该系统不仅包括信息、信息资源，还包括信息基础设施，同样包括大环境。换言之，信息运动生态系统实际上包括三个方面的系统构成，即信息时空分布链，信息位—信息场—信息能；信息运动链，信息生产—信息组织与处理—信息传播与利用；信息环境链，政治-经济—科技—文化-政策-法律等（图2-1）。

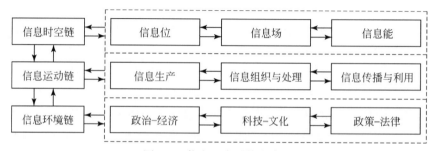

图 2-1　信息生态系统示意图

在这样一个复杂巨系统中，究竟如何实现信息运动生态的动态平衡。从生态学的角度看，生态平衡是指在一定的时间和相对稳定的条件下，生态系统内各部分（生物、环境和人）的结构和功能处于相互适应与协调的动态平衡。信息生态平衡是指信息生态系统中信息人种类和数量等合理匹配、信息生态环境因子相互协调、信息人与信息生态环境高度适应、整个系统的信息流转畅通高效的相对稳定状态。在信息生态系统与外部环境的作用中，如果信息生态系统中的某些因子有较大的改变，打破了暂时的稳定，而其他生态因子也将会逐渐发生变化与已有较大改变的生态因子适应，又会达到新的稳定状态[①]。要解决信息运动生态的协同发展与演进问题，本书在该部分主要立足于信息时空分布链的结构合理性、信息运动链中的信息流偏离度、信息生态链中政治文化的

---

① 娄策群，赵桂芹. 信息生态平衡及其在构建和谐社会中的作用. 情报科学，2006，24（11）：1606-1610.

适应性、科学技术的基础性和政策法律的保障性等进行研究；在此背景下对信息生态位和信息场的协同性、对信息生态链要素之间的协同性等进行综合研究，并试图构建信息运动生态协同模型，及其内涵体系，进而重点阐述其内外生态、信息运动链等方面在不断变化的信息生态和信息行为过程中的协同理念、协同关系、协同效果，及其判断等。

|第 3 章| 信息生态系统描述

如果说第 2 章是对信息运动生态协同研究总体的抽象概括，那么，本章主要就是对其信息生态系统进行具体的形式化描述。首先从信息生态的基本含义入手对信息种群、信息环境进行界定，在此基础上，依据信息的可拓性，结合可拓学的基本原理，对信息生态的要素结构和功能进行分析；其次用物元、事元和关系元分别对其要素、功能、信息人（种群）与信息环境的相互作用进行形式化描述，旨在形成信息运动生态系统的复合元，为最终实现信息运动生态协同演进的评价提供必要的支撑。

理论界认为，信息生态学是生态学与信息科学相融合的结果。正如卢剑波所说，从生态学角度看，信息生态学主要是指系统生态学中使用的计算机模拟技术[①]。从信息科学角度看，信息生态学则是借鉴生态学相对成熟的理论体系和研究方法，研究人与信息环境间的关系。而信息生态系统是指在一定的信息空间中由于信息交流关系而形成的人、人类组织、社区与其信息环境之间由于不断地进行信息交流与信息循环过程而形成的统一整体。在该整体的演进过程中，信息是不断循环的，知识则是逐步增量和增值的。由此可以看出人、环境是不断发展和变化的，信息生态是处于动态之中。这些可以在诸多的成果中得以体现，如系统阐述信息生态环境的代表人物之一的托马斯·H. 达文波特和劳伦斯·普鲁萨克1997 年指出，信息生态环境就是信息、人和环境之间的均衡状态。Nardi 等（1999）将信息生态环境的含义进一步明确为"特定环境中由人、实践、价值和技术构造的一个系统"。Morris（2001）也认为信息生态环境是集人、实践、价值和技术为一体的在特殊的社会环境中的一个系统，但凯文·莫里斯也指出，真正的信息生态环境并不在于人的行为，而在于技术服务。再从国内研究的角度看，如汪社教的《信息生态学发展方向研究》中介绍托马斯·H. 达文波特的信

---

① 卢剑波. 信息生态学. 北京：化学工业出版社，2005.

息生态模型时，指出信息生态包括六个重要组成部分，即信息战略、信息政策、信息行为和文化、信息工作者、信息管理流程和信息体系结构。[①] 段伟文（2004）认为，信息生态环境是以信息技术为基础的信息化进程所开创的一种人类社会的总体性集成关系。肖峰（2005）认为，信息生态环境是用生态学的视野考察人所生活的信息环境而形成的概念，也被用来表达生态观念与日益变得重要和复杂的信息环境之间的关联[②]。

如果从信息生态学产生的背景和理论基础方面看，信息生态学既是一门新兴学科，又是人类社会发展学科交叉作用和影响的结果。因为从其理论基础的角度看，哲学、社会学、人类学、生态学、系统论、信息论、人类生态学、社会信息学、认知科学、可持续发展理论等都是信息生态学的理论基础，信息生态学是构建在这些理论基础之上的一个交叉的新兴学科。信息生态学是从人、信息、信息技术及信息环境之间协调发展的理念出发，研究它们之间的相互作用及关系以及通过信息的应用如何实现社会的可持续性发展。[③]

在诸多有关信息生态问题研究的成果方面，早期对信息、信息环境等信息生态相关要素的研究，已经发展到对信息生态学及其信息生态系统或体系的研究。综观这些研究成果，人们试图构建信息生态系统。为此，我们在对信息生态进行描述时，提出两个基本要素，即信息种群和信息环境。这里的信息种群既包括一般个体的信息人，也包括信息组织。进而对这些要素分别从不同角度进行描述，例如，对信息种群与信息环境等要素从物元的角度描述，对其功能从事元的角度描述，而对信息种群、环境等之间的交互作用关系则从关系元的角度进行分析描述。

3.1　信息生态系统

从图 2-1 对信息生态系统的描述中，可以发现信息生态系统以信息人为核心，包含信息时空链、信息运动链和信息环境链等为纽带的一个诸多因素构成的复杂系统。从理论上讲，由人与自然环境构成的生态系统称为"第一生态系

---

① 汪社教. 信息生态学发展方向研究. 图书情报工作（网刊），2010：1-4.

② 张玉智. 信息生态内涵界定具有鲜明的时代特征. http：//blog. sina. com. cn/s/blog_ 56089b450100eenx. html［2009-05-10］.

③ 吉林大学. 信息经济学课程 http：//trp. jlu. edu. cn/xxjjx/course/chapter15/no15-4/cht15-4-1. htm ［2010-07-09］.

统"，人与社会环境构成的生态系统称为"第二生态系统"，① 这样我们就不难看出，在第二生态系统中同样又包括诸多子系统，如人与政治、政策、法律环境构成的国家或区域的政治生态系统，人与经济环境构成的经济生态系统，人与科学、技术环境构成的科技生态系统，人与教育文化环境构成的文教生态系统，以及人与信息、信息技术、信息产业、信息市场等环境构成的信息生态系统等。这些足以说明信息生态系统是"第二生态系统"中的一个子系统。由于信息生态系统在生态系统中的位置，如图3-1所示，信息生态系统不仅符合一般生态系统的一般特点，与其有着相互联系和相互影响，而且又具有其自身的特点，以及具有很明显的层次结构和功能。

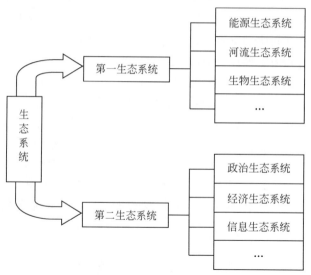

图 3-1　信息生态系统关系

　　根据生态学的经典理论，生态系统的要素应该包括生态环境和种群。由此我们有理由认为，信息生态系统可分为信息环境和信息种群。而在信息种群中则又包括信息生产者、信息组织与传播者和信息消费者等。因此，如果按照信息生态系统中的要素划分，信息生态系统可以表述为图3-2所示。

　　从图3-2中可以看出，信息生态要素应该主要包括两个方面，即信息种群（信息人）和信息生态环境。在信息种群中则包括凡是从事信息生产、信息组织、信息传播和信息消费的所有信息人；在信息生态环境中则主要包括信息政

---

① 田春虎. 信息生态问题初探. 情报杂志, 2005, (2)：90.

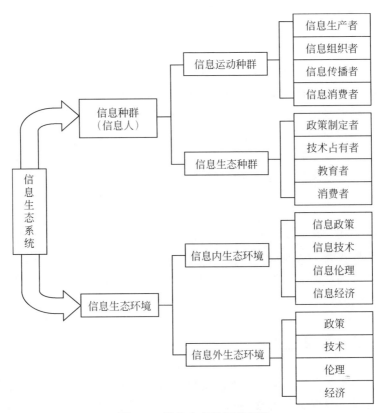

图 3-2　信息生态系统要素图

策、信息技术、信息伦理和信息经济等。

3.2　信息生态系统要素内涵

3.2.1　信息种群（信息人）

从生态学的角度讲，种群"就是特定空间同种有机体的集合体，其基本构成成分是有潜在互配能力的个体。种群是由个体组成的，但是当生命组织进入到种群水平时，生物的个体已成为较大和较复杂生物体系中的一部分，此时，作为整体的种群出现了许多不为个体所具有的新属性。"① 从这个意义出发，信息种群就是特定空间从事信息活动的有机个体的集合体，其基本构成的成分仍然是具有潜在互配能力的个体。信息种群是由个体组成，当信息有机个体进入到信息种群的水平时，其个体本身就成为了较大和较复杂的信息种群体系中的一部分。此时，作为由个体集合而成的信息种群则出现了诸多不为个体所具有的属性，如信息生产率、信息场力等，这些基本属性就是某具体信息种群的整体属性。例如，信息生产者是信息生态系统的主体性要素，具有信息发现、信息原始生产和信息再造等功能。在这些功能实现的过程中，并不是个体信息人孤立的运作，而是指特定空间中所有信息生产者，依靠信息资源、信息技术和相关媒介在获取保障其生存的信息资源的同时，创造和生产新的信息，可见这些属性是对信息生产者所凭借的所有信息关系的综合体现。换言之，互配能力在此得以充分体现。同理，信息组织者和信息传播者，分别具有信息组织和传播之功能。而信息消费者则具有信息选择性接收、获取信息背景和理解吸收的职能。从信息生命周期看，信息消费者所具有的功能既是信息获取、利用和转化的过程，又是新一轮的信息生产和再创造的过程。

3.2.2 信息生态

在信息生态的环境要素中，人们通常强调社会环境，这是没有问题的。但是需要注意的是，对信息环境描述的过程中，还要注意自然环境和社会环境的结合，在这种前提下重点研究信息的社会环境才是比较正确的。因为对于种群而言，离开自然环境，任何种群的基本生存条件都可能不具备，那么信息种群必然也是如此。但是，信息种群和其他种群又有本质的差异，就是无论其行为过程如何，主要是在社会生态系统之下的信息生态系统中进行的。因此，在信息自然环境作为前提的情况下，信息生态系统中的社会环境就应该包括图3-2中的信息政策、信息技术、信息伦理，以及信息经济等。就信息政策而言，它是信息生态系统的保障性要素，是信息资源开发、利用，以至于转化和实现信息经济效果的基本保障。尤其是在信息成为重要的社会资源时，信息种群对信息资源争夺的激烈化，导致了政治的、经济的或文化的冲突等。在这种情况下，如果仅仅依靠单纯的技术力量则根本无法解决，必须综合运用信息政策、法律和法规等来调控信息

---

① 东南大学本科生生物信息学习平台．生命科学导论（公共课）http：//www.lmbe.seu.edu.cn/biology/bess/biology/chapt4/4_3_1.htm［2009-06-02］．

种群和信息种群中的信息人个体的信息行为；就信息技术而言，它是信息生态系统的工具性要素，主要包括信息基础设施、信息装备、信息处理技术与方法，以及信息机构管理方法。它能够使信息环境变得更加数字化、网络化和智能化。

3.2.3　信息生态系统的功能

从生态系统的角度看，生态系统的基本功能包括以下方面：遵循热力学第一定律和热力学第二定律——能量流动（包括碳循环、氮循环、硫循环、磷循环等）—物质循环（包括物理信息、化学信息、营养信息、行为信息等）—信息传递。生态系统的主要功能是物质循环和能量流动，处于平衡的生态系统，物质循环和能量流动会处在一个动态平衡状态，各营养级生物（生产者、消费者、分解者）数量将稳定在一个水平上。而从信息生态系统的角度分析，尽管既具有一般生态系统的物质循环、能量流动和信息传递等基本功能，但在其表现方式上又有其不同之处。因为在自然生态系统中，物质循环是关键（遵循物质不灭定理），能量流动和信息传递作为辅助性活动相伴发生；而在信息生态系统中，信息传递是关键，物质循环和能量流动则起着基础性作用。

3.3　信息生态系统描述

在我们对信息生态系统的概念、内涵以及基本内容有所了解之后，将从可拓学的角度出发，以物元、事元和关系元等为出发点对信息生态进行描述。在描述之前，有几个基本问题需要解决，即信息是否具有可拓性？信息是否可用可拓学方法进行描述？为何选用可拓学方法来描述信息生态？

首先，从信息的本质看，香农认为，信息是用来消除不确定性的东西。他是以信源到信宿的信息差来描述信息内涵的；维纳认为，信息就是信息，既不是物质，也不是能量。而他则是以信息与物质、能量之间的关系来揭示信息内涵的。众所周知，无论是信息论，还是控制论，都将信息看成是一种客观存在的东西。例如，维纳的观点，尽管并没有交代信息是什么，但是他强调信息可以促使物质和能量的转化。再如，图书情报领域对文献、信息、知识的理解，信息是动态的、时效性很强的、可以增值的等。尽管多年来对信息本质的讨论始终没有停止过，不少专家学者也提出了富有见地的观点，如刘宏认为"信息的本质就是互动，就是交互性。"① 黄巧珍认为"信息的本质是能量"② 等，但是我们认为信息的本质就是反映事物的运动状态或运动方式，促进物质和能量之间的相互转化。因为事物的运动状态或运动方式在一定情况下体现其发展与变化的规律，所以对信息本质的研究也是信息生态研究的主要内容之一。例如，蔡文等所说的"信息，可以生成知识。信息，可经变换而生成策略，以帮助人们处理各种问题。为此，我们必须研究信息的内涵。用物元、事元、关系元及它们的组合去描述信息的内涵，产生了可拓信息。用可拓推理规则去拓展信息，用可拓推理方法去生成知识，用可拓变换去产生策略，从而形成处理矛盾问题的可拓信息方法。"③ 既然信息能够实现增值，信息能够转化成知识、技术、策略等说明信息具有可拓性。

其次，从信息生态的角度看，如前所说信息生态的基本要素主要是信息种群和生态（我们称内外生态），无论是信息种群或者信息种群中的信息人，还是信息生态环境中的大环境和小环境（也称外生态和内生态）的要素，任何一种要素都体现了其本质、特征和关系；同时随着时间的推移、社会的发展，这些要素的内涵都在发展变化，如在信息论诞生之前的哈特莱对信息的描述就是消息；"生产"在工业化时期的要素是以"资本"为核心，而现在已经将"知识"作为核心要素一样。这些都说明信息不仅具有可拓性，而且这种可拓性从理论上是不断延伸的。尽管其要素、结构及其关系将会变得更为复杂，但是信息的本质是不变的，也说明可以利用可拓学方法对其进行描述。

再次，从信息运动和协同的角度看，在不断变化的复杂系统中，如何描述信息生态，确实是一个比较困难的问题，尤其是在图书情报学领域，早期采用的文献组织与描述的标准，也是在不断变化和发展的，如分类法中的等级分类法和分面分类法。现在国内采用的基本是等级分类法，而分面分类的思想实际上朝着主题方向发展。仅就等级分类法而言，等级之间的关系及内涵实际上也反映了可拓学的基本思想，也就是说理论上可以无限细分，但从结构上和实践中来说则是不现实的。如果再回到分面分类的方面，我们可以发现，阮冈纳赞在冒号分类法中将任何事物概括为五个基本要素（表3-1）。

我们称其为范畴理论，在这种范畴之下对不同性质的事物、文献进行描述。现在看来，它确实已经涵盖了可拓学的基本思想。反过来讲，可拓学方法是在总

---

① 刘宏. 重新认识信息的本质. 青年记者. 2009-11-20.

② 黄巧珍. 信息的本质是能量. 中国心理学家大会暨应用心理学高峰论坛第二届大会论文.

③ 蔡文，杨春燕，王光华. 一门新的交叉学科——可拓学. 中国科学基金，2004，(5)：14-18.

结前人成果的基础上，并适应现代信息技术的发展和需要提出的。从这个意义出发，我们认为应该采用可拓学的方法对信息运动生态进行描述，其结果可能更加直观和实用。

表 3-1 分面组配符号

基本范畴	组配符号	分面符号
本体	，（逗号）	（P）
物质	；（分号）	（M）
动力	：（冒号）	（E）
空间	·（圆点）	（S）
时间	'（反向逗号）	（T）

3.3.1 信息生态系统的物元描述

基元指构成生物体的大分子上局部区域构成特征性序列以适应大分子之间相互结合（或吻合）的基本结构单位。有时也称作模块或模式。从基元的角度出发，我们可以这样理解，客观世界的构成要素是世间万物，而万物之间的相互作用通常被称为"事"，事既可以理解为事情、事件等名词的属性，同时也可以理解为做事、办事、从事等动词的属性。可见，体现世间万物及其关系的本质的、属性的事属于知识的范畴，体现事物的发展、变化、转换等过程、流程、程序等方面的应该属运动的范畴。那么，对于世间万物之间究竟存在何种关系，如何发生变化，以及在其相互作用的过程中如何演进，就需要用科学的理论与方法进行概括和揭示。而可拓学的基本思想正是从物元、事元的角度出发，通过物元和事元建立二者的关系元，进而以关系元为纽带对物、事和关系进行形式化描述。而物元、事元、关系元统称为基元。同时由物元、事元和关系元集合而成复合元。

《可拓逻辑初步》[①] 中把物 N、特征 c 及 N 关于 c 的量值 v，构成的有序三元组 $R=(N, c, v)$ 作为描述物的基本单元，称为一维物元。N, c, v 称为物元 R 的三要素，其中 c 和 v 构成的二元组 $M=(c, v)$ 称为物 N 的特征元。关于特征 c 的取值范围记为 $V(c)$，称为 c 的量域。

一物具有多个特征，规定物 N，n 个特征 $c_1, c_2, \cdots, c_n$，及 N 关于 c_i（$i=$

---

① 蔡文，杨春燕，何斌. 可拓逻辑初步. 北京：科学出版社，2003.

1，2，$\cdots$，n）对应的量值 v_i（$i=1$，2，$\cdots$，n）所构成的矩阵为 n 维物元。

$$R = \begin{pmatrix} N & c_1 & v_1 \\ & c_2 & v_2 \\ & \vdots & \vdots \\ & c_n & v_n \end{pmatrix} = (N,\ c,\ v)$$

在物元 $R = (N,\ c,\ v)$ 中，若 N，v 为参数 t 的函数，称 R 为参变量物元，记作 $R(t) = (N(t),\ c,\ v(t))$。这时，$v(t) = c(N(t))$。对于多个特征，有多维参变量物元，记作

$$R(t) = \begin{pmatrix} N(t) & c_1 & v_1(t) \\ & c_2 & v_2(t) \\ & \vdots & \vdots \\ & c_n & v_n(t) \end{pmatrix} = (N(t),\ c,\ v(t))$$

我们给定一物，它关于任一特征名都有对应的量值，并且在同一时刻是唯一的。鉴于此，我们可以对信息生态系统中物、事等进行形式化概念描述。

首先，对信息种群或信息人进行描述。根据上述原理和模型，信息人的本质、地位、职能及事例可以构成信息人的基本特征。由于有若干个特征，因此正如前面提到的，信息人就有多维参变量物元。这样就可以将信息人进行形式化的定义描述（为了和上述模型的表述一致），概括为 $R_1(t)$。

$$R_1(t) = \begin{pmatrix} 信息人(t) & 性质 & 主体要素 \\ & 信息人地位 & v_1(t) \\ & 职能或作用 & v_2(t) \\ & 个体案例 & v_3(t) \end{pmatrix} \triangleq 信息人$$

当 $t = t_1$ 时，信息人(t_1) = 信息生产者

$$\begin{cases} v_1(t_1) = 信源或信息资源 \\ v_2(t_1) = 数据，符号，信息和知识发现，生产和再创造 \\ v_3(t_1) = \{大学，研究机构，学者，出版社，相关组织的 \\ \qquad\qquad 信息中心，数据商，\cdots\} \end{cases}$$

当 $t = t_2$ 时，信息人(t_2) = 信息组织与传播者

$$\begin{cases} v_1(t_2) = 信道(一般信道，专门信道，多媒体信道，其他信道) \\ v_2(t_2) = 信息组织(分类，著录，揭示，标引，整序) 和传递 \\ \qquad\qquad (点对点，点对面，交互) \\ v_3(t_2) = \{图书馆，情报所，档案馆，政府与企业信息中心，其他信息中心\} \end{cases}$$

当 $t = t_3$ 时，信息人(t_3) = 信息消费者

$$\begin{pmatrix} v_1(t_3) = 信宿（读者，用户） \\ v_2(t_3) = 信息获取，理解，辨析，选择，接收，吸收和应用，转化 \\ v_3(t_3) = \{各类决策者，研究者，大学，企业，一般信息消费者，\cdots\} \end{pmatrix}$$

其次，对信息资源进行形式化描述。由于信息种群或信息人是信息生态系统的主体性要素，而信息种群或信息人的活动都是围绕信息资源展开的，离开信息资源，信息种群活动就失去了基本对象和意义。由此，信息资源是信息生态系统中的对象性要素，那么我们根据可拓学的基本原理和上述对信息人的描述，可以将信息资源形式化定义描述为 $R_2(t)$。

$$R_2(t) = \begin{pmatrix} 信息资源(t) & 性质 & 对象要素 \\ & 信息资源地位 & 基础和内容 \\ & 职能 & v_1(t) \\ & 特征 & v_2(t) \end{pmatrix}$$

当 $t = t_1$ 时，信息资源 (t_1) = 信息

$$\begin{pmatrix} v_1(t_1) = 系统纽带，加工对象，活动范畴，系统演进目的的体现 \\ v_2(t_1) = \{客观性，普遍性，传递性，再生性，重复使用性，\cdots\} \end{pmatrix}$$

当 $t = t_2$ 时，信息资源 (t_2) = 知识

$$\begin{pmatrix} v_1(t_2) = 导航功能，资讯功能，输入输出功能，转化功能，增值功能，\cdots \\ v_2(t_2) = \{客观性，交互性，增值性，\cdots\} \end{pmatrix}$$

当 $t = t_3$ 时，信息资源 (t_3) = 信息产品

$$\begin{pmatrix} v_1(t_3) = 使用功能，增值功能，凝聚功能，\cdots \\ v_2(t_3) = \{客观性，可实现性，可转化性，应用性，\cdots\} \end{pmatrix}$$

从信息资源的形式化定义描述中，我们可以看出，信息资源在信息生态系统中，之所以作为对象进行描述，是因为它不仅是信息生态系统的纽带，信息生态系统中信息种群或信息人活动的基本对象，而且信息种群的一系列活动，都是在信息资源范畴内展开。换言之，离开信息资源，这样的生态系统就不称其为信息生态系统。因为我们研究信息生态系统协同演进的根本目的就是更好地建设信息资源、开发信息资源和更加广泛地共享信息资源，最终推进人类社会向更加文明的方向迈进。从信息资源中的信息种群或信息人的角度看，除上述信息人的基本功能外，还包括指引、咨询、传播和转化等功能，而这里的信息人的特征体现客观性和交互性等。

再次，对信息内生态进行形式化描述。在信息生态系统中包括内外生态，由于内生态往往对信息种群活动产生的作用和影响是直接的，且由于篇幅所限，这

里仅对信息内生态中的信息技术、信息政策、信息伦理分别进行描述。其特征是技术支持性、关联性和协调性等，因此将这些要素的形式化定义描述可分别为 R_3，R_4，R_5，…。那么，

$$
R_3 = \left\{
\begin{array}{ll}
\text{信息技术} & \text{性质} \quad \text{工具要素} \\
& \text{信息技术地位} \quad \begin{array}{l}\text{基础设施与技术装备支撑作用，关键技术}\\\text{自主研发地位}\end{array} \\
& \text{构成} \quad \begin{array}{l}\{\text{信息组织，检索技术，信息数字化，}\\\text{信息开发技术，传输技术，转化技术，}\\\text{网络技术，…}\}\end{array}
\end{array}
\right.
$$

$$
R_4 = \left\{
\begin{array}{ll}
\text{信息政策} & \text{性质} \quad \text{保障要素} \\
& \text{信息政策地位} \quad \begin{array}{l}\text{信息生态系统演进的保障，指导发展方向，}\\\text{调控规范}\end{array} \\
& \text{制定者} \quad \begin{array}{l}\{\text{全国人大，国务院法制办，国家信息化}\\\text{委员会，地区行政当局，行业协会，企业}\\\text{信息化领导组，…}\}\end{array} \\
& \text{制定过程} \quad \begin{array}{l}\text{国家或区域经济与社会发展纲要} \rightarrow\\\text{法律法规} \rightarrow \text{信息政策与法律}\end{array} \\
& \text{执行者} \quad \{\text{工业与信息化部，其他信息部门}\} \\
& \text{效果评价} \quad \begin{array}{l}\{\text{政策连续性，内容针对性，技术支持性，}\\\text{执行可控性，管理可操作性}\}\end{array}
\end{array}
\right.
$$

$$
R_5 = \left\{
\begin{array}{ll}
\text{信息文化} & \text{性质} \quad \text{保障要素} \\
& \text{信息伦理地位} \quad \text{信息种群或信息人行为的保障} \\
& \text{教育与管理者} \quad \begin{array}{l}\{\text{教育管理部门，文化管理部门，}\\\text{科技管理部门，行业协会，…}\}\end{array} \\
& \text{效果评价} \quad \begin{array}{l}\{\text{信息获取的自主性，信息竞争的公平性，}\\\text{信息行为的逆向选择性（逆向选择比例越低，}\\\text{信息伦理效果越好），管理的可操作性}\}\end{array}
\end{array}
\right.
$$

据此，可以这样定义 $R_0 = \{R_2，R_3，R_4，R_5\} \triangle$ 信息人。

从上面的描述中可以看出，仅仅是对部分要素进行了描述，而其他要素同理可以进行相应的形式化描述，如外生态中的政策、技术、文化科技和教育等。

3.3.2　信息生态系统的事元描述

"事元和事物元的概念，用于描述动作和事件。与物元命题相仿，我们可引入事元命题和事物元命题的定义，从命题逻辑的角度来看，事元命题和事物元命题与描述行为、操作和事件的行为型命题相对应。"[1]

这里，我们强调的事元主要是指施动。仍然根据蔡文等在《可拓逻辑初步》[2] 中的基本观点，把动词 d、动词的特征 b 及 d 关于 b 的量值 u，构成的有序三元组 $I=(d, b, u)$ 作为描述事的基本单元，称为一维事元。与物元类似，d，b，u 三者称为 I 的三要素，称 (b, u) 为事元 I 的特征元。

由于动词基本特征一般包括支配对象、施动对象、接收对象、时间、地点、程度、方式、工具等。说明动词 d 通常有若干个特征。既然有若干个特征，那么其形式化定义可以描述如下。

动词 d，n 个特征 b_1，b_2，$\cdots$，b_n 及 d 关于 b_i $(i=1, 2, \cdots, n)$ 对应的量值 u_i $(i=1, 2, \cdots, n)$ 所构成的矩阵为 n 维物元。

$$I = \begin{pmatrix} d & b_1 & u_1 \\ & b_2 & u_2 \\ & \vdots & \vdots \\ & b_n & u_n \end{pmatrix} = (d, b, u)$$

在物元 $I=(d, b, u)$ 中，若 d，u 为参数 t 的函数，称 I 为参变量物元，记作

$$I(t) = \Big(d(t), b, u(t) \Big)$$

对多维事元有

$$I(t) = \Big(d(t), b, u(t) \Big)$$

由此，我们可以将信息生态系统中的信息种群活动与信息人行为等有关的一系列使动要素分别进行形式化定义描述。

根据以上相关分析，如果从上述描述的支配对象、施动对象、接收对象、工具及方式看，信息转移的这些要素就应该分别是信息资源中的信息 $(R_2(t_1))$，信

---

① 何斌，蔡文. 物元命题的事元命题. 广东工业大学学报，2001，18（1）：88-93.

② 蔡文，杨春燕，何斌. 可拓逻辑初步. 北京：科学出版社，2003.

息组织者与传播者（$R_1(t_2)$），信息生产者和信息消费者（$\{R_1(t_1), R_1(t_3)\}$），多元渠道（正式或非正式等），以及组织、检索、获取直到接收这个过程。因此我们可以将信息转移过程形式化定义为I_1：

$$I_1 = \begin{pmatrix} \text{信息转移} & \text{支配对象} & R_2(t_1) \\ & \text{施动对象} & R_1(t_2) \\ & \text{接收对象} & \{R_1(t_1), R_1(t_3)\} \\ & \text{工具} & \text{正式或非正式信息传递渠道} \\ & \text{方式} & \text{信息组织和检索，获取，接收} \end{pmatrix}$$

同理，根据相关分析，知识创造中的要素涉及诸多方面，在支配对象中应该包括载体知识、信息集成知识等，如文献（载体）、信息（集成）、知识（抽象）；施动对象包括活动中的诸多行为主体，如知识生产、组织、传播和转化者等；如果说产物，包括知识、信息和文献等，而接收及相关方式与前面的信息转移中的要素类似。为了比较清楚地说明问题，这里将知识创造直接引入到信息创造方面，那么将知识创造过程形式化定义为$I_2(t)$。

$$I_2(t) = \begin{pmatrix} \text{知识创造}(t) & \text{支配对象} & u_1(t) \\ & \text{施动对象} & u_2(t) \\ & \text{产物} & u_3(t) \\ & \text{接收对象} & u_4(t) \\ & \text{方式} & u_5(t) \end{pmatrix} \triangle \text{知识创造}$$

当$t = t_1$时，知识创造(t_1)＝信息生产。这时其支配对象为信息（$R_2(t_1)$），施动对象为信息生产者（$R_1(t_1)$），产物则为知识、信息产品和集成信息等（$R_2(t_2)$，$R_2(t_3)$），接收对象为信息组织与传播者（这里指初始生产，$R_1(t_2)$），那么对接收者而言，其接收的方式就应该是先分析再进行综合，如接收者先对信息产品和指示等进行研究，然后对其进行分类、著录、标引再聚类的过程。因此，其形式化描述为

$$\begin{pmatrix} u_1(t_1) = R_2(t_1) \\ u_2(t_1) = R_1(t_1) \\ u_3(t_1) = R_2(t_2), R_2(t_3) \\ u_4(t_1) = R_1(t_2), R_1(t_3) \\ u_4(t_1) = \text{先分析，再综合} \end{pmatrix}$$

当$t = t_2$时，知识创造(t_2)＝信息组织与传播。这时其支配对象为知识（$R_2(t_2)$），施动对象主要为信息组织与传播（$R_1(t_2)$），产物则为知识、信息产

品和集成信息等（$R_2(t)$），接收对象为信息组织与传播者（这里指初始生产，$R_1(t_3)$），那么对接收者而言，其接收的方式就应该是先综合再分析，如接收者先对信息、信息产品和知识等进行综合研究，然后对其进行有选择的吸收和转化的过程。因而，其形式化描述可以为

$$\begin{pmatrix} u_1(t_1) = R_2(t_2) \\ u_2(t_1) = R_1(t_2) \\ u_3(t_1) = R_2(t) \\ u_4(t_1) = R_1(t_2), \ R_1(t_3) \\ u_4(t_1) = 先综合，再分析 \end{pmatrix}$$

可以看出，信息组织与传播过程在一定程度上比初始的信息、文献和知识的生产还要重要，因为知识创造将会体现在知识活动的整个过程中，而无论是信息还是知识，其增值的过程往往也就体现其中。

以上我们借鉴可拓学的基本理论和思想对信息生态中的物、事及关系进行了分别描述，其中主要涉及三个基本要素，即信息种群或信息人、信息资源以及相互关系。可见所谓信息生态系统就是信息种群或信息人在信息环境之下利用信息资源所实施的一系列行为活动的动态体系。因此，我们可以将信息生态系统进行整体描述。

结合以上的物元、事元，下面用关系复合元对信息生态系统形式化描述：正如前面讲到的信息生态系统是一个复杂巨系统，不仅要素甚多，且关系复杂，主要表现在基本要素为信息种群或信息人、信息资源、信息环境，当这些要素发生一定的行为关系时又表现出逻辑关系，如信息种群或信息人是能动要素，信息资源是支配要素，没有信息资源就无法构成基本对象，如在早期的"生产"中，劳动是由人实现的，所以人是能动要素，但是如果没有土地，那么就无法实现劳动行为一样。同时在这些要素中既有反映程度、过程的，也有反映中介和控制的。为此，可以将前面的物、事和关系，分别用前项、后项、程度、过程、中介和调制描述出来，构成以下信息生态的形式化定义。

$$Q = \begin{pmatrix} 信息生态 & 前项 & R_1(t) \\ & 后项 & R_0 \\ & 程度 & R_2 \\ & 过程 & \{I_1, \ I_2(t)\} \\ & 中介 & \{R_1(t_2), \ R_3\} \\ & 调控 & \{R_1(t_2), \ R_4, \ R_5\} \end{pmatrix} \triangleq 信息生态系统$$

在 Q 中，所有的项目描述，在前面的分项描述中已经阐述，为清楚起见，这里再重复一下，式中，R_0 为信息环境程度，包括信息资源 $R_2(t)$，信息技术 R_3，信息政策 R_4，信息文化 R_5，以及信息经济和信息教育等（因篇幅所限这两项没有进行描述）；$R_1(t)$ 为信息种群，包括信息生产者 $R_1(t_1)$，信息组织与传播者 $R_1(t_2)$，信息消费者 $R_1(t_3)$；$R_2(t)$ 为信息资源，包括信息 $R_2(t_1)$，知识 $R_2(t_2)$，信息产品 $R_2(t_3)$；I_1 为信息转移；$I_2(t)$ 为知识创造。

这里需要说明的是由于篇幅所限，我们没有对信息外生态进行形式化描述，如政策、技术、经济、科技、教育文化等，因为在内涵上它与信息内生态有比较接近的地方。今后在进一步的研究中，可以继续考虑对其进行描述。同时，仍然可以借助可拓学的基本思想和方法进行描述。从整体的角度看，无论是物元，还是事元，当用关系元（复合）的形式化对信息生态系统进行描述后，才可以勾勒出该系统的形式化模式。其中，信息物元一般表达的是陈述型信息，而信息事元着重强调行为及行为过程，是表达行为型的信息，信息关系元表达关系型信息，最终信息复合元表达复杂系统的信息过程。经过上述系列推理和探究，我们才有可能完成对信息生态系统的整体意义上的形式化描述。经过这样一个程序之后，首先理顺了所谓信息运动生态的要素、结构，及其内在的逻辑关系，以帮助我们对课题开展深层的研究。例如，在后面的有关信息场、信息生态位、信息生态链以及信息运动及其协同问题的探索时就会进一步明确其各自相应的范畴、要素和结构关系。这样我们在后面的研究中无论是信息场问题，还是信息生态位问题，以及信息生态链和协同问题时，主要是考虑项间关系、过程、程度、中介乃至控制方面等整体意义上的协同及演进问题。

|第 4 章| 信息场拓展及收缩

本章主要基于场论的基本思想，对信息生态系统中不同要素之间的相互作用所构成的信息场的基本理论进行探索，包括信息场的一般概念、信息场的内涵、信息场的构建，以及信息场的拓展与收缩等。

4.1 问题的提出

从本体论的角度看，物质、能量和信息是社会构成的三大要素，控制论的创始人维纳在对信息内涵的揭示中也充分说明了这一点。从三者之间的关系上看，物质及相应的物质材料是信息的载体，能量既是传输信息的动力，又是通过信息对物质的揭示或描述进一步产生的结果——新能量，信息既具有依附于物质世界而存在的附属性，又具有其独立性。如果在空间的每一个点上，对应着某个物理量的一个确定值，说明在这个空间确定了该物理量的场（field）①。物理学中，"场"用来描述物理量在空间的分布。一般来说，只有大小的量称为标量，既有大小又有方向的量称为矢量。"将矢量在空间平移不会改变该矢量，若将 *A* 的起点与终点位置对调，就得到与 *A* 方向相反、模相等的逆矢量。""若某个物理量在某区域中每一点处、在每一时刻都有确定的值，就说在该区域中存在该物理量的场，该物理量称为场量。"② 随着人们对场理论研究的不断加深，场论的应用也逐步向其他学科方面延伸，社会科学领域也已引入场论，来解决社会发展中的一些重大问题。原苏联学者别尔格认为有"信息场"存在。目前，理论界已经对信息场的存在持肯定态度。那么信息场的内涵如何？信息场与其他场之间的联系和区别何在？信息场的模式如何构建？信息场的拓展与收缩中的主要因素信息场力、场级如何评价？这些都是本章关注的焦点。

---

① 张力. 运用"场"学说探讨针灸经络. 上海针灸杂志, 2006, (1): 36-38.

② 毛钧杰, 等. 电磁场与微波工程基础. 北京: 电子工业出版社, 2004.

4.2　信息场的导入

关于信息场的研究，国内外学者可以说已经做了大量的工作，为了进一步说明问题，我们先来考察其研究状况。

R. 尼尔·博伊德（R. Neil Boyd）就信息人中的个体进行研究时指出："一个人具有较强的表达个人情感的并不断产生辐射影响的一个场，该场是信息携带分量子（subquantum）颗粒和复杂电磁辐射耦合（symplectic）的。电磁辐射已显示出对情绪状态的影响，包括注意力因素、个人意愿因素等这些足够小的粒子暴露在这种电磁内容中。"[①] 说明微观信息场中的一个信息点（这里指一个具体的个体，组织或信息人等）随时都有一个表达个人感情的信息辐射场。尽管这种辐射是由非常小的微粒所辐射，但是却有一定的影响。

J. 麦克法登（J. McFadden）在 *The conscious electromagnetic information（cemi）field theory* 中将信息场描述的更加形象化，他认为"神经元数字信息是合并（pooled）和集成（integrated）的电磁信息场（electromagnetic information field），意识或知觉（consciousness）是能够将数字信息下载到中枢神经元（downloaded to motor neurons），并能够将其状态传播到外部世界的大脑电磁信息场的元件（component）或成分"[②]。

在信息场理论的应用研究方面，T. A. 恩斯林（T. A. Ensslin）等进行了实证研究，他们在 *Information field theory for cosmological perturbation reconstruction and non-linear signal analysis* 中指出："我们发展空间分布信号的贝叶斯推理方法，开发一个信息领域的信息场理论（information field theory，IFT）……我们从一般的自然测量、信号、噪声以及它们之间关系的角度开始，到一个自然真实事物的现实。我们推导出的信息哈密尔顿函数、源场、传播、合作条件等，使自由信息场（free IFT）再现著名的维纳滤波器（Wiener-filter）理论。交互信息场（interacting IFT）为我们提供的弗曼规则，在傅里叶的球和谐空间、玻尔兹曼–香农信息测度等方面将会延伸。"[③] 在信息传播或扩散方面，埃弗雷特·M. 罗杰

---

① Boyd R N. The information field and the universal harmony. http：//www. rialian. com/rnboyd/universal-harmony. htm［2010-07-11］.

② McFadden J. The conscious electromagnetic information（cemi）field theory. Journal of Consciousness Studies，2002，9（8）：45-60.

③ Ensslin T A, et al. Information field theory for cosmological perturbation reconstruction and non-linear signal analysis. http：//arxiv. org/abs/0806. 3474/［2010-07-11］.

斯认为"扩散是一个创新的过程，是通过社会系统、社会成员等相应的渠道进行沟通的过程。创新取决于以下五个步骤：知识——个人或团体开始学习和了解新的创新；说服——通过与他人的交往与交流，与其达成共识的过程；决策——有一个驱动器，以寻求更多的信息和作出决定；实施——为经常使用的企图寻求更多的信息；确认——继续使用是合理的，或者拒绝基于利益或缺陷的证据……"① 在谈到扩散和创新的关系时，他认为"扩散是过程，创新是大众通过社会系统的成员的某些渠道进行沟通。沟通是一个过程，其中的参与者创造和分享彼此的信息达成相互谅解。创新是一个想法、实践或目标。②

从国内学者研究的角度看，潘德冰在 1983 年将控制论的思想应用于经济、社会系统，提出了社会场的理论。其《社会场论导论》中指出：社会场就是从自然场中的复杂作用的演化中派生出来的③。社会场指人群中自发形成的一种不定型的群体结合形式，具有内在的向心力。人类大社会就是由这些不同的类似磁场的"社会场"组成的复杂的有机整体。一般而言，社会场具有三方面的特征："第一是相吸相斥性。两个特定场之间，在一定的情况下呈现相互吸引、相互融合的特性，也可呈现为相互排斥、相互对抗的特性。一般来说，可比场相斥，不可比场相吸。第二是扩延性。一个特定的场在条件具备时可由点扩大为面，以致覆盖整个社会空间，也可自建立起延续几个世纪以至整个人类历史。第三是可同化消失性。在同一类型相互作用的两个场之中，一个较弱小的场可被另一个较强大的场同化，以致弱小场因此而消失。"④ 上述对社会场的研究成果，实际上多数是建立在库尔特·勒温（Kurt Lewi）的思想基础上的，因为库尔特·勒温称个人在某时间所处的空间为场，把行为看成是人及其环境的一个函数或"场"，其函数公式为 $B = f(P, E)$，式中，B 为行为（behavior）；P 为个人（person）；E 为环境（environment）；f 为函数（function）；此公式的含义是，个人的一切行为（包括心理活动）是随其本身与所处环境条件的变化而改变的。在同一场内

① Rogers E. Diffusion of Innovations. http：//www. stanford. edu/class/symbsys205/Diffusion% 20of% 20Innovations. html ［2010-07-11］.

② Rogers E M. Diffusion of Innovations (4th edition) . New York：The Free Press，1995.
Rogers E M. New product adoption and diffusion. Journal of Consumer Research，1976，2 (March)：290-301.

③ 李德昌. 文化场与南北对话. http：//unit. xjtu. edu. cn/colphy/xwll/0309tekan/tekan3. htm ［2008-09-16］.

④ 万祖安，李爱国. 社会场论纲——"自然—文化—人"和谐统一论. 理论前沿，2005，(15)：35-37.

的各部分元素彼此影响，当某部分元素变动，所有其他部分的元素都会受到影响①。在香农的信息论中，也认为在每个信息场中，含有一定的信息量。目前已经倾向信息场是"信息在空间的分布"的表述。

作者认为，信息场是信息主体在信息空间分布过程中，由信息主体所产生的信息及信息量、信息流及信息流速等既有标量又有矢量的交互感应体系，如信息量、信息流等为信息的标量场，而信息的流速等则为信息的矢量场。如果仅从信息的角度讲，左昕等认为"信息场是信息在空间的分布，对应空间中的每一个点，都有相应的信息存在于对应的数据结构中"②。换言之，信息场就是由信息主体在一定空间由信息的标量和矢量构成的互感应体系。

另外，在信息场的研究方面，王汰非对其概念和特征等有一定的见解，他认为："宇宙物质起源演化发展在时空中普遍的流动传播过程称为宇宙信息场。宇宙和物质周围存在着信息相互作用的空间称为信息作用场"③。在这一概念之下，他认为信息场的内涵包括五个方面，"第一，宇宙和物质之间的信息相互作用通过信息作用场传递；第二，信息场是与物质场、能量场相耦合的宇宙场，具有全息性和自足自洽完备性，信息场与物质场、能量场广义对称和谐相容构成统一宇宙场；第三，物质在统一宇宙场中具有整体运动和各向同性均匀普遍的流动；第四，信息场是特征动量场，构成物质场（质量场）与能量场转化的过程动力场，具有物质场（质量场）与能量场转化过程的全部信息；第五，信息场含有宇宙物质起源演化发生发展的预定协变规律和全部信息，具有全息性及物质质量与时空的完全量子性"。据此他认为信息场具有"生成，开放，全息与整体统一性"。也就是说，第一，信息场具有整体基本相互作用（四种基本相互作用和基础相互作用统称整体基本相互作用），整体的质心运动和质点对质心的相对运动；第二，信息场是多质点系统，质点间的相互作用不影响系统的整体运动状态，一个多质点系统的整体运动可以由单质点的质心运动表征；第三，信息场是与统一场、量子场相耦合的统一量子场，具有物质质量与时空的完全量子性，信息规范相互作用通过信息场传递；第四，信息场具有整体运动，即可观测的波粒二象性的表观运动和不可观测的全息量子性（瞬间态）的精细（潜在）行为耦合性普遍的运动；第五，信息场一切相互作用都是全息规范相互作用，具有自然耦合与

---

① Swordi 媒体实验室. 行为与环境，控制与赋权. http：//swordi. com/index. php/2008/04/25/kurt-lewi-field-theory-and-ux/［2009-08-15］.

② 左昕，杨志兵，张发平. 信息场在加工变形与误差分析中的应用. 成组技术与生产现代化，2004，21（1）：16-18，46.

③ 王汰非. 数字信息场论. http：//blog. gmw. cn/u/43662/archives/2010/103968. html ［2010-07-11］.

精细微调协同平衡性、广义对称与协变统一性，可以用一个统一的理论描述。这是从宇观的角度对信息场的基本阐述。

4.3　信息场内涵及其描述

从上述一系列的研究成果看，信息场应该包括哪些基本要素？如何描述？结构如何？正如有学者认为"信息场是信息在空间位置由信息标量与矢量构成互感应体系"，作者认为信息场就应该以信息种群、信息人为对象，这既是信息场研究的焦点，也是信息运动生态研究的立足点。因为信息运动生态的每个要素都是由信息种群或信息人的存在为前提的，离开这个前提，其他都无从谈起。以信息为核心，这是研究信息种群或信息人的行为和行为结果的。以信息量为标度、以信息辐射力为纽带的结构要素体系，这又是研究信息场中各要素之间的交互关系和交互作用力的。同时，在任何一个信息场中必然又包括物、事、信息，因此对信息场要素的描述应该围绕这几个基本要素展开。

从信息的本质看，首先，任何信息都具有不确定性和不对称性，由此而产生了信息的矛盾问题；其次，从信息的活动过程看，任何信息都具有可传递性和发散性；再次，从信息、物质和事物的关系看，它们之间确实存在本源关系。既然信息场中既可以表现诸多矛盾，而这些矛盾也是随时间和环境的变化而变化的，既然信息具有可传递和发散性，说明这种传递和发散是不断发生和不断延伸的，既然信息和物质之间存在本源关系，说明从物质到信息，再从信息到物质是不断循环往复螺旋演进的，那么我们有理由认为，采用可拓学的理论和方法来对信息场进行描述从理论上讲是可行的。

蔡文在《可拓集合和不相容问题》中指出，所谓物元，是指描述事物的基本元。具体来说，以有序的三元组 $R = (N, c, v)$ 作为描述事物的基本元，简称为物元。式中，N 为事物；c 为特征的名称；v 为 N 关于 c 所取的量值。这三者称为物元的三要素[①]。而刘巍等在《信息物元的度量及可拓信息空间的化简》中根据物元的三要素，并结合香农的信息论等，"将信息以物元的方式进行描述，即是信息物元。以有序三元组描述：$R = (N, c, v)$ 作为描述信息的基本元，简称为信息元。式中，N 为信息；c 为信息特征的名称；v 为 N 关于 c 所取

---

① 蔡文. 可拓集合和不相容问题. 科学探索学报，1983，(1)：83-97.

的量值"①。在对信息元的研究中，康松林和施荣华的观点也值得借鉴，他们在《基于信息元的教学资源组织系统的设计与实现》中提出，"物元是度量与非度量的结合，一个信息的定量部分和定性部分在物元概念下可以很好地统一起来"②。苏联学者根里希·S. 阿奇舒勒（Genrich S. Altshuler）③ 依据世界上著名的发明，研究了消除矛盾的方法，他建立了一系列基于各学科基础知识的发明创造模型。他提出系统中最小的单元由两个元素以及两个元素间传递的能量组成，以执行一个功能，并把功能定义为两个物质（元素）与作用于它们中的场（能量）之间的交互作用。这里的交互作用功能是指系统的输出与系统的输入之间正常的、期望存在的关系。这种关系可以用函数关系表示。假设有这样一个模型：如要使事物 S_2 通过能量 f 作用于事物 S_1，计算产生的输出（功能）。那么就可以定义一个函数 $y = f(x_1, x_2, x_3, \cdots, x_n)$。式中，$y$ 为输出；x_1，x_2，x_3，$\cdots$，x_n 为输入；函数 f 为功能④。另外，正如前面所提到的，从场论的一般意义上讲，"若物理量是标量，其场称为标量场，如温度场、密度场、电位场等；若物理量是矢量，其场称为矢量场，如流速场、电场、磁场等"⑤。我们可以这样认为，尽管场论所描述的场是物质的一种辐射力，但是这种辐射力在社会场中必然有其特定的含义，即这种力必须要通过某种方式所体现和某个对象所认可。

鉴于此，我们在对信息场要素的描述中，就可以把握以下三方面：一方面是在信息场构建过程中可以形成一个信息场可拓的信息元描述体系；另一方面是对信息场的内涵进行揭示和描述的过程本身就是信息场构建的过程，因此，要想对信息场有更加深刻的了解就仍然需要对与信息场有关的"场"模型及构建理论进行研究，如前面提到的"社会场"等；再一方面，信息场模式应该有几个基本特征，即应该具有物场的特征，具有依附性和独立性的特征，信息场中的作用是在不同层面上展开的。这一点在蒋田田等的成果中有所研究，他们认为"信息场相当于综合了现实世界的各种情形。其实这种新场具有高阶感知、定力、生命力、活力、信息、精神等作用内涵，即广义信息熵内涵，当然离不开物质和能量。……信息是一种感知或认知（离不开能量）、一种联系、一种耦合、一种流

① 刘巍，高红，葛维燕，等. 信息物元的度量及可拓信息空间的化简. 广州工业大学学报，2001，（1）：6-10.

② 康松林，施荣华. 基于信息元的教学资源组织系统的设计与实现. 电脑与信息技术，2006，（4）：20-23，62.

③ 根里奇·阿奇舒勒. http://baike.baidu.com/view/1562181.htm［2009-11-20］.

④ 黑龙江省科学技术厅. TRIZ 理论入门导读. 哈尔滨：黑龙江科技出版社，2007.

⑤ 毛钧杰，等. 电磁场与微波工程基础. 北京：电子工业出版社，2004.

动、一种构形不规则变化、一种广义的力场或场能"①。

从表 4-1 可以看出，信息场与四种物理场在研究对象上，前者是研究主客体融合的关系实在，后者是研究主客体分离的客观实在；在作用力上前者是信息力，后者是引力、电磁力、弱力和强力；在物理量方面前者是信息量和信息熵，后者是物质、能量；在性质上前者是信息场，后者是物理场；在刻画世界方面前者可反映自然、生物和社会等复杂系统，后者仅反映简单物理系统；在基本理论层面前者是最大流原理，后者是最小作用力原理；在方程模型上前者采用包含信息动力在内的 Langevin 方程，后者采用各种力学方程。如果从信息场与其他四种统一场（物质场、能量场、物理场、生物场）的关系看：首先，信息场是中介场，因为宇宙和物质之间的信息相互作用通过信息作用场传递；其次，信息场是特征动量场，因为它通过信息促使物质和能量转化②。

表 4-1　信息场与其他四种统一场的比较

项目	四种物理场	信息场
研究对象	主客体分离的客观实在	主客体融合的关系实在
作用力	引力、电磁力、弱力、强力	信息力
物理量	物质、能量	信息、熵
性质	物理场	信息场
刻画世界	简单物理系统	自然、生物、心智、社会等复杂系统
理论	最小作用力原理	最大流原理
方程	各种力学方程	Langevin 方程：$\zeta = \lambda_k \zeta_k + S_k(\zeta_1, \zeta_2, \cdots, \zeta_n) + F_k(t)$, $k = 1, 2, \cdots, n$
总结	统一的信息场可把其他四种物理场作为特例包含	

如果站在宇观的角度看问题，信息场的结构应该是由信息粒子、信息流、信息波和信息场构成。在信息学领域，这里的粒子实际上就是信息质点。信息质点既可以是信息人和信息种群，也可以是信息产品（信息物质），同样可以是信息资源要素，也可以是信息环境要素等。因此，所谓信息场实际上就是这些质点构成的交织互动的一种氛围。如果说信息流，一般我们站在通信的角度是研究通过信道的信息流量和流动方向及流动速率的，如果从结构力学的角度讲这里的信息

---

① 蒋田田，陈森平，柴立和．信息场的理论模型及其在生物学上的应用．http：//www. paper.edu.cn/index. php/default/releasepaper/downPaper/201005-172 ［2010-05-12］.

② 王汰非．数字信息场论．http：//www. tskeji. cn ［2010-07-01］.

流就应该是信息场中的信息质点的线性流动，因此一般称为单维信息场；如果信息场中的信息流是在时空中进行平面流动则称信息波，也被称为二维信息场；如果信息波在三维或更多维度的空间流动则称为信息场。可见我们所研究的信息场就是多维状态下的信息流。因此，我们认为信息场是由多信息质点构成的具有相互吸引或排斥作用的互感应体系，具有以下基本特征。

（1）信息质点的多重性。信息质点的多重性即信息质点可以是一个具体的信息人、信息组织或一类信息种群，甚至是组织集群或产业集群等。因此它既具有个体的自然属性，又具有整体的社会属性。

（2）信息质点的辐射性。信息质点的辐射性既包括微观信息质点的辐射性，又包括宏观信息质点的辐射性，而辐射的支点是信息微粒。这里的微粒是指信息质点构成的元件或成分。如"信息生产者"作为一个信息质点来看，那么，它靠什么产生辐射呢？具体包括信息生产者素养、信息生产技术和信息生产能力，以及信息生产者资信和公信力等。

（3）信息量的可测度性。在传统的信息论中，香农的信息熵就说明了这一点。在社会信息生态系统中，信息场中的信息质点的辐射作用的大小，在一定程度上是通过对信息流的判断来决定的，而信息流量的大小、多少、拥塞和畅通则首先需要对信息量进行判断。

（4）信息力的耦合性。在信息场中，任何一个信息质点相对于其他信息质点来说都会产生两种力，即引力和斥力。相对一个信息场来说也是一样的。而信息场力的大小体现，往往又取决于若干个信息质点引力和斥力耦合的结果。因此我们在对信息场的拓展和收缩问题进行研究时就需要考虑信息场的基本特性。

4.4　信息场的拓展与收缩

要研究信息场的拓展与收缩问题，首先我们需要明确决定信息场拓展和收缩的主要因素。而决定和影响信息场的主要因素应该是信息场力及信息场力的影响因素。

4.4.1　场力与信息场力

目前人们将场力的研究成果已经运用到社会领域。例如，穆胜认为"重庆机场集团利用场力理论，将组织内人力资源管理环境的影响定义为三大场力：权力、经济力与文化力。在此基础上，设计了一种新的分析工具——场力分析，借助这一工具，重庆机场集团在平稳推进薪酬改革项目中取得了成功，对管理实践具有较强的指导意义"，并认为对于场力的描述应从其作用强度、范围及方向三个维度进行。场力强度主要反映了资源的驱动作用能够从多大程度上影响到员工，主要以"强–弱"来描述。场力范围主要反映了资源的驱动作用能够在组织内多大范围产生影响，主要以"大–小"来描述。场力强度×场力范围=场力影响，表现了场力对于组织作用的大小[1]。郭咸刚在其《G 管理模式宣言》中将管理场力分为四个基本要素，即权力、经济力、知识力、文化力。他认为，管理场力是以文化力为主导力量、以知识力和经济力为支撑、以权力作为保证的四种场力[2]。

从一定意义上讲，在研究信息场力的同时必然要考虑与信息场强的结合问题。因此，这里就信息场的一般模型进行分析，如图 4-1 所示。

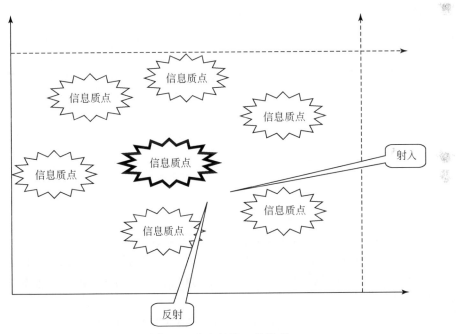

图 4-1　信息场的一般模型

由图 4-1 的信息场模型可以看出，在一般的信息场中，会有若干个信息质

---

① 穆胜. 场力分析助推重庆机场薪酬改革. 中国人力资源开发, 2007,（8）：88-92.

② 郭咸刚. G 管理模式宣言. 北京：新华出版社, 2006.

点。对任何一个信息质点来说，都将会吸引和辐射。这种诸多质点的共同作用形成的一种空间氛围可以称为信息场。根据物理学中关于场的基本理论，放入电场中某点的电荷所受的电场力 F 跟它的电荷量 q 的比值，叫做该点的电场强度，简称场强。用 E 表示电场强度，则有 $E=F/q$（单位是 V/m，1V/m = 1N/C）。场力定义：仅由空间位置决定的力叫场力，场力是空间位置的函数，存在场力的空间叫力场。场强是电场的属性，仅由电场源和距离决定。

鉴于此，信息场是信息的空间分布，在空间位置中表现出诸多信息质点，这些信息质点既可以是信息种群中的信息人，也可以是由信息人行为所产生的信息、信息产品。信息场中的相关信息质点对某信息点所产生的力可以认为是信息场力。

于是，我们有理由认为，信息场力是指在空间位置上通过信息政策、信息技术、信息知识和信息文化所决定的并以信息种群为核心的信息场内部各种要素之间、不同信息信息场之间的交互作用力。因此不难看出，信息场力主要应该包括信息权力、信息知识与技术力、信息文化力和信息经济力等。所谓信息权力主要是指空间位置的信息政策力、信息法力等。而信息知识与技术力和信息文化力是指信息场中信息人的信息素养及其影响力，信息经济力则主要是指信息场中的支持和保障力。这些要素的共同作用形成了信息的综合场力。

4.4.2　信息场力的分类

1. 微观信息场力

由于任何一个信息场与其他信息场在其要素内涵上的差异，不同信息场的信息场力的大小和强弱是不同的，甚至有时差异是非常明显的。仅就一个具体的信息质点而言，所受到其他信息质点的作用力包括若干方面。微观信息场力（以图书馆为例）模型如图 4-2 所示。

从微观信息场力模型中可以看出，在一个具体的信息场中，就表现出以一个信息质点为核心的交互作用力。如前面提到的信息权力、信息知识与技术力、信息经济力和信息文化力等共同作用则构成信息场力。具体而言，信息权力包括两个方面，即信息法力和信息政策力，而信息法力则又包括信息法的规范力、约束力、执行力等；信息政策力则包括目标影响力、内容指导力、执行辐射力等；信息知识与技术力包括知识与技术创新力、自主知识产权映射力、知识与技术推广应用力等；信息经济力包括信息引导力、信息支持力和信息促进力与增值力等；

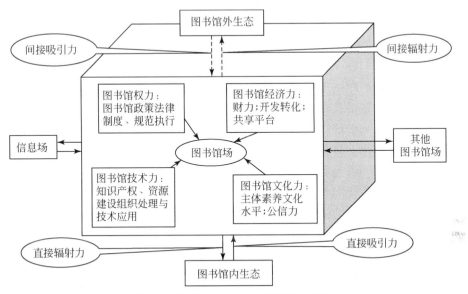

图 4-2　微观信息场力（图书馆）模型

信息文化力在此应该包括主体素养提升力、文化水平提升力、文化渗透与辐射力等。

就一个信息质点而言，考虑所承受的场力是否均匀，所受场力方向是否均通过一点（无论信息质点在信息场中的任何位置），若符合要求，前者所形成的为均匀信息力场，后者为有心信息力场。这一基本原理与一般场论是一致的。"通常在力场中有两种特殊的力场。均匀力场：无论质点放在场中何处，质点所受场力均相同。有心力场：无论质点放在力场中何处，质点所受场力方向均通过一点，此力叫有心力，该点称为力心。"由于信息力场的不同，从信息质点出发向外辐射或扩散的力度是有差异的。例如，一个具体的信息质点为图书馆，那么对于这个图书馆而言，其信息场的内涵同样表现出四个主要方面，即图书馆权力——图书馆法律、法规以及相应的管理制度、规范所具有的相应的权力；图书馆的信息技术力——图书馆资源的知识产权归属、图书馆资源建设与创新、图书馆资源组织与处理的标准执行与技术应用等；图书馆经济力——图书馆财力、图书馆资源开发和转化、图书馆资源共享平台等；图书馆文化力——图书馆价值观、图书馆精神、图书馆馆员素养、文化水平、图书馆影响和公信力等。这一点在有关的成果中也得到基本认可，如贺巷超认为"从信息系统的角度看，图书馆信息场基本特点有以下几个方面：第一，相对于文献个体而言，图书馆信息场是文献集合的结果，是由馆藏中各学科文献信息内容复合叠加而成的。图书馆的价值体现在收集整理有价值的文献，使之形成一个更高势能的、便于检索利用的信息源，并不断向受众辐射其信息能量。根据性质任务对象的不同，图书馆都建立了具有自身特点的文献信息学科结构，使文献的功能得到优化和提升，从而达到整体大于个体之和的作用。第二，图书馆信息场理应包括图书馆建筑风格、管理制度、服务水平以及馆员素质在内的多方面的综合信息，但是其中最为核心的则是图书馆收藏文献的数量和质量，也就是收藏文献中所能提供的丰富而可靠的知识信息。第三，单元文献载体是信息输出的基本单元。图书馆信息传播所依赖的是人类的创造物——单元文献载体的流动，图书馆信息场正是由这一文献的基本单元的传播而形成的。因此文献载体的可分性、便携性和可复制性是文献信息得以传播的基本前提，也是图书馆信息场产生的基本前提"①。

2. 宏观信息场力

上述差异始终存在，根据这些差异又可以将信息场分为不同的层级，从而形成了信息场级。而这种场级通常在宏观信息场中表现得更加明确。一般而言，在一个区域分布着诸多信息点，而这些信息点又包含在不同的信息场中，如政府信息场、企业信息场、图书馆信息场、情报信息场、教育信息场等。通常情况下，场级越高，场力越大②。

现仅就不同信息场，如企业信息场、教育信息场、图书馆信息场和情报机构信息场等在宏观模式下的各自的场内涵、作用即相互影响进行分析，如图 4-3 所示。

在图 4-3 四种不同的信息场中，就企业信息场和教育信息场来说，尽管都是将产品、学生等推向市场，是物质场转化成能量场，推动社会发展，但是在这些场中，由于支撑其支点的内涵和成分不同，因此属于不可比信息场，它们之间就具有相互吸引力。而图书馆和情报机构信息场尽管在服务内容等方面有差异，但是其资源占有（生态学上的取食）是同属性的，同时在服务对象上也有同质性，因此这是两个可比的信息场，在一定情况下就有斥力。如图 4-3 所示，信息场级是由信息场强决定的，而信息场强则又由信息场力所决定，这种力的大小决定信息流动的方向。

尽管在场理论中对不同场的场级的表述有所不同，但是内涵是一致的。例

---

① 贺巷超. 图书馆信息场初论. 图书馆理论与实践，2007，（1）：1-3.
② 裴成发. 基于场论的信息场及拓展与收缩研究. 情报理论与实践，2009，（7）：32-34.

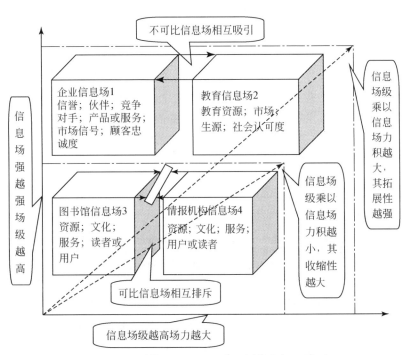

图 4-3　宏观信息场力（四种不同信息场）模型

如，社会场的场级是指一个社会场对其他社会场发生影响的能力，一个存在体的联结场对其他联结场发生作用的能力称为该场场级。① 可见，场级就是一个场对其他场发生影响和作用的能力。因此我们认为，信息场的场级是指一个信息场对其他信息场发生影响和作用的能力。由于不同信息场的性质具有差异性，因此可以将信息场分为可比信息场和不可比信息场。可比信息场的本质相同，在通常情况下是相互排斥的，而不可比信息场则是相互吸引的。信息场的这种基本原理，提示信息场的拓展或收缩仍然可能有两种不同的方式，即排斥性信息场的拓展与收缩。例如，图 4-3 所描述的图书馆信息场 3 和情报机构信息场 4 是相互排斥的，如果前者的信息场力很大，那么必然会出现膨胀状态，这样必然会对后者形成排挤之势，结果也就是后者逐渐收缩。再如，信息场 1 和信息场 2 所表现出的是相互吸引的关系（如果是一种不平衡状态），而这种吸引的结果也会出现某信

---

①　王习加. 场的统一模型及其验证. http：//blog. gmw. cn/u/2770/archives/2004/6070. html ［2010-08-12］.

息场收缩。对信息场力大的信息场，则是通过吸引而使其拓展或膨胀，对于信息场力小的信息场，在被吸引过程中，出现萎缩。这一点无论是在引力场还是旋涡场论中都得到印证，如旋涡场存在如下三种状态：膨胀、收缩和平衡。当太阳系旋涡场处于膨胀状态时，所有的行星都会远离太阳而去。当太阳系旋涡场处于收缩状态时，所有的行星都会向太阳靠近。这些基本的理论和思想同样可以在一般的社会场中得到印证，如罗德尼·本森（Rodney Benson）认为媒体新闻场是不同场域间独特的中介，当与经济场域更趋类似时，会在其他场域间产生一种聚敛，说明其场力比一般社会场大①。

4.4.3　对信息场力的基本判断

通过前面的阐述，我们不难发现信息场的拓展与收缩实际上是由其场力的大小来决定的，而信息场力的大小则往往又取决于场级的高低。尽管对于传统场力的分析有比较成熟的模式，如力场、电场和磁场等，而且信息场在一定程度上具备了这些场的基本属性和特征，但是信息场必然属于社会场的范畴，因而对其判断又有其特殊之处。因此，我们不妨先借助一些相关的研究成果进行展开分析。

1. 理论界对相关场力的阐释

通常认为，仅由空间位置决定的力叫场力，场力是空间位置的函数，存在场力的空间叫力场。关于场力问题：首先，应该从泊松的引力势方程开始，因为泊松方程揭示了引力势和引力源的质量密度之间的关系。其次，从牛顿引力理论入手，牛顿认为宇宙中任何两个质点间存在着相互吸引力，力的方向沿着二者的连线，力的大小和二者质量的乘积成正比而和它们之间距离的平方成反比。说明两个质点间的引力取决于两个基本要素即质点质量和间距。再次，应该关注爱因斯坦的相对论。早在 1907 年，爱因斯坦从等效原理开始研究物质运动现象，到 1912 年前后他意识到宇宙中的所有物质的运动都可以通过曲率进行描述，并认为重力场实际上就是弯曲了的时空表现。这是一个很重要的发现。于是，到 1916 年他提出了重力场方程式，也称为爱因斯坦场方程式或爱因斯坦方程式。

$$R_{\mu\nu} - \frac{1}{2}g_{\mu\nu}R = \frac{8\pi G}{c^4}T_{\mu\nu} \tag{4-1}$$

---

① Benson R. Review: field theory in comparative context: a new paradigm for media studies. Theory and Society, 1999, 28 (3): 463-498.

式中, G 为牛顿引力常数, $G=6.670\times10^{-8}\,\mathrm{cm}^3/(\mathrm{g}\cdot\mathrm{s}^2)$; $R_{\mu\nu}$ 为时空度量 $g_{\mu\nu}$ 的 Ricci 曲率; R 为时空度量 $g_{\mu\nu}$ 的数量曲率; $T_{\mu\nu}$ 为物质的能量–动量张量; c 为真空中的光速。式 (4-1) 等号左边是描述引力场的时空几何量, 等号右边是作为引力场源的物质能量–动量张量。从严格意义上讲, 该方程是一个以时空为自变量、以度规为因变量的有椭圆型约束的二阶双曲型偏微分方程。在对引力进行研究的过程中, 理论界同时关注到斥力的存在, 并提出了斥力定律。

$$F = \Lambda_0 Mmr \tag{4-2}$$

式中, M 和 m 为两个物体的质量, 它们质心之间的距离为 r, 它们之间的斥力为 F; Λ_0 为斥力常数。假定斥力与引力有相同的传播速度, 可以证明, 无论物体的形状和大小如何, 它所产生的或受到的斥力, 就如同它的质量一样全都集中在质心上。另外, 从斥力定律可以推出斥力场场的强度及其斥力势等。通常对斥力势的规定是质心的斥力势为零; 同时 "离质心距离越远, 斥力势越低"[1]。

从上述有关引力与斥力的基本内涵可以看出, 无论是引力还是斥力的产生或作用都是基于一定的空间概念的, 而这种空间概念的构建是以物质或物体的存在为前提的。社会场中的场空间往往就是由社会组织、个人, 以及由组织、个人等行为所构建的社会资源等的存在为前提的, 信息场也是如此。

需要特别说明的是, 之所以要对理论界关于引力和斥力的研究进行分析, 目的在于说明以下问题: 首先, 引力与斥力是研究场力的基础, 包括在对信息场的研究中, 往往判断场力的大小和场强的强弱以及场级的高低都取决于这两个主要的基础力; 其次, 尽管引力和斥力在不同的场理论中的表现不同, 但是它们对信息场力的判断有着非常重要的参考价值, 如通常所说的分子力实际上是其中引力和斥力的合力, 而在信息场中的信息力仍然应该是信息引力与斥力所形成的合力; 再次, 从分子间的引力与斥力的关系看, 二者都随分子间的距离的变化而变化, 即分子间的引力和斥力都随分子间距离的增大而减小。分子间距离的大小决定了分子力的性质, 即分子距离 $r<r_0$, $r_0=10^{-10}\,\mathrm{m}$, 斥力大于引力, 分子力表现为斥力; $r=r_0$, 斥力等于引力, 分子力为零; $r>r_0$, 斥力小于引力, 分子力表现为引力。

2. 理论界对信息场力的阐释

在我们对场力中的引力和斥力有了基本认识之后, 现在再看信息场力, 这仍

---

① 冯天岳. 斥力在宇宙学中的应用. 北京: 文津出版社, 1994.

然要从形成信息场力的信息场要素切入。李世清和张良提出以信息价格、信息量和信息场的系统功能系数为主要因素，构建信息场模型①。在其模型中，他们认为以价格为表现的市场中的信息场，所谓的价格是商品信息场、资本信息场、劳动信息场和技术信息场统一场的信息价格总和。文章还提出了信息量、信息价格、信息场系统功能系数的计算模型。说明场方程的基本要素包括信息量、信息价格和信息场系统功能系数。项德生在《试论舆论场与信息场》中提出"信息场是特定传播主客体通过信息交往而形成的具有一定信息密度和传量的时空范围"。他认为信息密度是指在一定时空范围内，某一信息的接受者的密集程度。其内涵主要由接受信息的总人数和总人口分布面积的比值来体现。而信息传量是指一定的时间范围内，传向特定范围的信息总量②。

在这一方面理论界还有诸多的研究成果，从更加系统的角度研究信息场力问题，如李德昌在《信息力学与对称化管理》中从宏观信息力学、微观信息力学和宇观信息力学等角度阐述信息力学与对称化管理问题。其实，我们可以更加数学式地思考对称化管理。从数学的角度看，管理就是求解一个实际运行系统的管理数学模型的'根'。假设一个实际运行的系统，它的最佳管理为 $F(x)$，如果它的实际复杂的运行可以表示成 $F(x)$ 的高次方程，对这个高次方程求解就得到 $F(x)$。该文作者在阐述宏观信息力学与对称化管理时，借用牛顿力学的基本原理，即"$F=ma$ 表达的本质内容是强度因素 F 等于某种二次变化率 a 和阻尼因素 m 的乘积"，提出了"在社会信息场空间中，牛顿定律的普适性在于：对于一定时代的社会场必有一个平均的社会发展加速度（二次变化率），对于每一个信息人所处的信息环境（包括本人的心理环境）必有一个表现为'个人文化'的阻尼因素，二者之积就是该信息人在信息场空间中受到的信息作用力——社会的加速度越大，个人的文化阻尼越大，他所受的力就越大。如果该信息人具有足够的能力，则信息力就是他前进的动力，否则就成为心理压力（流浪汉因为没有文化阻尼，所以不受力）而导致各种心理疾病"③。此外，邓宇等在《信息运动学》中提出"信息运动学是理论信息力学，即现代新信息理论的一个分支学科，它是运用几何学的方法来研究信息体（信息物体）在时间空间和社会人群间的运动，通常不考虑信息量、力和质量等因素的影响。至于信息体的运动和力的关

---

① 李世清，张良. 论21世纪市场学中的信息场. 江汉论坛，2000，(5)：34-37.
② 项德生. 试论舆论场与信息场. 郑州大学学报（哲学社会科学版），1992，(5)：1-6.
③ 李德昌. 信息力学与对称化管理. 西安交通大学学报（社会科学版），2004，24 (2)：13-19.

系，则是信息动力学的研究内容。"①

吴秋明等则认为"场是物质体系各要素之间，在相互作用中因传递、交换其物质、能量、信息而产生和形成的一种中间载体和时空处所。它既是相互作用的产物，又是相互作用的媒介和处所"。他们在集成管理研究中，将自然系统的引力场引入社会集成系统中来思考社会系统的集成问题，认为社会集成系统属于非"超距"元素的集成现象，集成元素之间存在着集成内力，并提出其计算公式为

$$F(t) = E(t)\frac{Q(t)q(t)}{d^2(t)} \tag{4-3}$$

式中，$F(t)$ 为两个社会系统集成单元之间的集成内力；$E(t)$ 为环境系数 $[E(t) > 0]$，假定简单环境，$E(t) = 1$，复杂环境，$E(t) < 1$，环境越复杂，$E(t)$ 值越小；$Q(t)$、$q(t)$ 分别为社会系统中两个集成单元的质量；$d(t)$ 为心理距离，指的是社会系统两个集成单元之间的心理契合程度；t 为时间参数②。

可见，信息场力实际上就是影响力，之所以称影响力为场力，是因为影响力在作用方式和作用特点上，与物理学中的场力（如重力场中的吸引力、电磁场中的电磁力、核力场中的核力）极其相似。"场"的作用方式不同于力学中物体直接接触的作用方式，"场"的作用可以发生在两个相隔一定距离的物体之间，而在两物体之间并不需要有任何由原子、分子组成的物质作媒介，这种作用就是通过"场"来实现的。在人际传播中密度通过接触和传播频率来表现，指向通过传播过程和结果的人际关系密切或恶化来表现。在大众传播中，密度通过媒介发行量、收视率等来表现，指向通过受众反馈来表现。一般情况下，密度和指向成反比③。

国外在这方面的研究中更加强调具体领域的信息场的研究，如 R. 尚卡尔（R. Shankar）等研究了"哪些自变量影响顾客支付的需求？随着对这些变量的理解，如何处理随机需求？哪一个能被考虑去处理这个随机需求？在随机需求的前提下，如何用数学模型构建顾客随机需求与决策变量之间的关系，如何进一步验证该数学关系模型？"为了进一步研究，他们通过对某领域需求变量与需求分布、服务水平与客户响应、强制时间等的实地调查，标识其需求变量和确定需求分布状况。通过对服务水平与客户响应的调查，以及结合顾客的被动时间，概括其数学关系模型（变量与需求），从而提出顾客需求的随机理论。在此基础上运

① 邓宇，邓非，刘湘君，等．信息运动学．职业与健康，2007，23（17）：1555-1556.

② 吴秋明，周碧华，陈捷娜．产业集群"场力"评价模型及影响参量分析．科学学研究，2008，26（上）：65-69.

③ 李岗．论传播场的基本特征．西南交通大学学报（社会科学版），2004，（2）：107-109.

用统计分析方法对实时数据变量模型予以验证[①]。

另外，从信息场力与场强的关系上来看。前面提到，在电场中，放入电场中某点的电荷所受的电场力 F 跟它的电荷量 q 的比值，叫做该点的电场强度，简称场强。描述该点的电场强弱和方向，是描述电场力性质的物理量，是矢量。如果将电场场强的理论引入信息领域，刘希宋和喻登科认为"知识型组织的目标在于知识的汇集、吸收、整理、创造过程，这个过程中知识的流动与扩散的速度与强度取决于知识缺口的大小。如果我们也借助物理学中的概念，由势差决定的显然是场强。因此，我们将知识的创造强度以及对知识创造的需求强度定义为知识场的场强。场强反映的是由知识型组织的核体发出或向其汇集的知识的强度"。"在知识经济时代下，拥有知识量大的组织总能成为领导型组织，此时，受场强作用，其他相对较弱的组织会被吸引到知识型组织周围，自动参与到知识型组织的知识创造循环中来，形成一个更大的知识型组织。此时，知识型组织的物理边界也得以拓宽，而原知识型组织将成为新的知识型组织的空间核体，为新知识型组织提供知识创造源。"[②]

因此，我们认为信息场强应该是指信息场中某信息质点所受的信息场力与它的信息元（或信息元素）的比值。同样，描述该信息质点的场强弱及其方向是对信息场力性质的一种表示矢量的物理量的揭示。由此出发我们建立如下模型。

信息密度（information density，ID）指一定范围内信息元的分布（以用户为例）。表达模型为

$$ID = IP/MP \qquad (4\text{-}4)$$

式中，IP 为单位时间内接收信息的人数；MP 为一定范围所有用户的人数。

信息传播量（或信息量）（information dissemination，id），表达模型为

$$id = \pm \sum_{i=1}^{k} ID_i T_i \qquad (4\text{-}5)$$

式中，ID 含义同式（4-4）；T_i 为某时刻。该模式表示的是在某个时间段内信息密度和传播时间代数和之间的关系。

信息速度（information speed，IS），表达模型为

$$IS = s/T \qquad (4\text{-}6)$$

式中，s 为信息传播路程；T 为信息在传播过程中通过该段路程所用的时间。

---

① Shankar R, Vijayaraghavan P, Narendran T. Modeling customer support performance in Indian IT hardware industry. Journal of Modelling in Management, 2006, 1 (3): 232-254.

② 刘希宋，喻登科. 知识场与知识型组织的演化. 情报杂志，2008，(3)：46-49.

信息场力（information field force，IF），表达模型为

$$IF_i = ID \times id \times IS = \frac{IP}{MP} \times \left(\pm \sum_{i=1}^{k} \left(\frac{IP}{MP} \right)_i T_i \right) \times \frac{s}{T} \qquad (4\text{-}7)$$

从式（4-7）中可以看出，一般而言，信息场力可以描述为某信息质点的信息密度、信息传播量和信息传播速度的乘积。同时可以反映出，信息场力的大小既可以表示该信息质点的张力，也可以表现为其缩力。

信息场强（information field strength，IFS），表达模型为

$$IFS_i = \frac{IF}{Q} = \frac{ID \times id \times IS}{Q} = \frac{\dfrac{IP}{MP} \times \left(\pm \sum_{i=1}^{k} \left(\dfrac{IP}{MP} \right)_i T_i \right) \times \dfrac{s}{T}}{Q} \qquad (4\text{-}8)$$

式中，Q 为某信息质点的信息元（或信息元素）。式（4-8）结合电场强度的基本理论，反映信息场强。从信息场力和场强的模式中我们就可以进一步推断研究信息场级（information field level）。从场级的一般理论，我们可以这样理解，信息场场级就是指某信息场对其他信息场产生作用的能力。附属场场级指的是附属场对同一层次的其他场发生作用的能力。

4.4.4　个案研究

正如上面所说的，张力或缩力的大小既可以说明该信息质点的场强，也可以反映其信息场级。下面以华北地区公共图书馆为例进行分析，见表4-2。

表 4-2　华北地区公共图书馆与读者基本情况表

区　域	人口数/人	15 岁以上人口数/人	未上过学人口数/人	面积①/km²	县级市及县/个	公共图书馆	
						总藏量/10³ 册	总流通/10³ 人
北　京	14 813 000	11 852 000	472 000	16 807.8	18②	14 031	8 012
天　津	10 114 000	7 785 000	424 000	11 760.26	14③	11 067	5 670
河　北	62 981 000	47 362 000	2 939 000	190 000	130	14 505	5 938
山　西	30 779 000	22 752 000	1 193 000	156 000	96	11 015	2 981
内蒙古	21 816 000	16 795 000	1 631 000	1 100 000	29	8 311	2 864
平均值	140 503	21 309 200	1 331 800	294 913.61	57.4	11 785.8	5 093

注：①国土面积根据 google 搜索各省（自治区、直辖市）而汇总；②北京市辖县依据 http：//zhidao. baidu. com/question/87740784. html ［2010- 08- 06］得出；③ 天津市辖县依据 http：//zhidao. baidu. com/question/162055997 ［2010-08-06］得出；④其他根据 2009 年《中国统计年鉴》中的相关数据汇总

由表4-2可以绘制出表4-3。

表4-3 华北地区信息场力要素

区 域	人口密度/(人/km²)	县级市及县/个	传播中心的范围和距离		公共图书馆		
			范围/km²	距离/km	读者资源/人	总藏量/10³ 册	总流通/10³ 人
北 京	881.32	18	933.77	21.61	11 380 000	14 031	8 012
天 津	860.01	14	840.02	20.49	7 361 000	11 067	5 670
河 北	331.48	130	1 461.54	27.03	44 423 000	14 505	5 938
山 西	197.30	96	1 625.00	28.50	21 559 000	11 015	2 981
内蒙古	19.83	29	37 931.03	137.72	15 164 000	8 311	2 864
平均值	457.99	57.40	8 558.27	47.07	19 977 400	11 785.80	5 093

表4-3中涉及的相关概念如下。

人口密度为区域人口总数与面积之比,即每平方千米拥有人口的数量。

传播中心的范围是以每个省(自治区、直辖市)面积与该区域所拥有的县级公共图书馆的数量之比来计算的(按每个县有一所县级图书馆计算)。

传播中心的距离则是依据每个省(自治区、直辖市)的每个县级公共图书馆的服务点到中心点的距离来计算,具体计算方法是以范围的数值作为正方形的一条边的平方,再将这一条边的平方乘以2得两条边的平方和,根据直角三角形的基本定理,勾方加股方等于弦方,而整个弦方正是正方形对角线的平方,再将该对角线的平方进行开平方,就得到对角线的长度,然后将对角线长度除以2,就得到对角线的中心点,那么两条对角线的交汇点正是其中心点,假设该县级图书馆就在这个中心点上,这样它到各个交点的距离就是所说的相对距离。例如,以北京为例,北京市公共图书馆服务中心点距离 $= \sqrt{933.72 \times 2}/2 = 21.61$(km)。

读者资源是将各省(自治区、直辖市)的总人口中的15岁以上的总人数减去未上过学的人数。这是基于两个方面的考虑:一是15岁以下的人口即使作为读者也是有父母陪同,可以将父母作为读者;二是未上过学的人一般无法利用图书馆。这样就形成了某时间段某区域的读者资源总量。

依据表4-3,我们可以判断该区域公共图书馆的信息场力及信息场强。需要说明的是,信息场强 IFS=IF/Q,在式(4-8)中,我们将 Q 确定为信息质点或信息元素,该质点表示其本质的元素。对于图书馆来说其本质元素主要是资源和读者。为了方便计算和清楚揭示信息场强,这里的 Q 为某个区域图书馆的文献资源总量。由此可以在对场力进行描述的基础上进一步解释其信息场强,见表4-4。

表4-4 华北地区公共图书馆信息场力与信息场强

区 域	文献总量 /册	信息密度	信息传播量 /人	信息速度 /(km/年)	信息场力	信息场强
北 京	14 031 000	0.704	8 012 000	21.22	119 690 306.56	8.53
天 津	11 067 000	0.770	5 670 000	20.5	89 500 950	8.09
河 北	14 505 000	0.137	5 938 000	27.45	22 330 739.7	1.61
山 西	11 015 000	0.138	2 981 000	28.5	11 724 273	1.06
内蒙古	8 311 000	0.189	2 864 000	137.72	74 547 285.12	8.97
平均值	11 785 800	0.388	5 093 000	47.078	63 558 711	5.65

从表4-4和图4-4中不难发现，华北地区的各省（自治区、直辖市）公共图书馆的信息场力和信息场强情况如下。

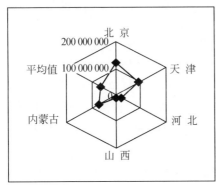

(a) 信息场力比较雷达图

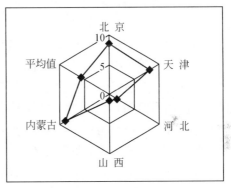

(b) 信息场强比较雷达图

图4-4 华北公共图书馆信息场力与信息场强比较

在信息场力方面，从大到小依次为北京、天津、内蒙古、河北和山西。

在信息场强方面，从强到弱依次为内蒙古、北京、天津、河北和山西。

从结果上看，山西最弱。而内蒙古是一般所想不到的，但事实上可以看出，内蒙古之所以信息场强和信息场力都比较强主要基于两个要素：一是在时间相同的情况下其传播距离和传播量决定了其信息场力和信息场强；二是在相同时间的条件下，山西的传播距离远比内蒙古短，且传播量也相对较少，导致其处于最后的地位。

通过对不同区域信息场力、场强的研究，可以发现如下规律。

在信息传播量基本接近的前提下，信息传播链中的传播距离和时间决定传播速度。因此，对于山西来说，如何拓展其信息场，首先应该关注信息场传播量的提高，而要提高传播量，就必须从公共图书馆的馆藏建设、文化建设来提高读者的信任度和忠诚度，继而提高传播速度。

在相对距离基本相同的情况下，信息传播量和信息质点的信息资源总量等是决定信息场力和信息场强的主要因素。从表4-4和图4-4中对北京和天津的描述可以看出，从传播距离上看北京、天津分别为21.61km和20.49km，基本接近，但是从信息传播量的角度看北京、天津分别为801.2万人和567万人，相差234.2万人，尽管天津的信息密度比北京还高0.066个点数，但在信息场力和信息场强方面都不如北京。可见，信息场力的主要影响因素与信息流量有着非常重要的关系。如何提高信息场力和信息场强在很大程度上应该关注信息流量，但是信息流量的大小，除受前面所讲到的传播距离、资源总量影响以外，还有很重要的一点就是组织生态建设，如本案例中的组织形象、组织文化、政策等一系列因素，还包括读者与用户的信息素养、对图书馆的理解认识、信任和忠诚程度等。再如，尽管有一批读者在需要的时候会利用某图书馆，但是由于信任度不高，造成其忠诚度也同时下降，那么在下一次再有需要时就不一定利用某个图书馆。这说明信息场中的信息引力不够或者下降，必然会导致其信息场收缩；换言之，如果在注重信息资源建设的基础上，再提高图书馆的自身形象和读者的信任度，那么必然会使图书馆的张力增大，也就是吸引力增强，使其信息场得以拓展。那么，当一个行业的信息场均有拓展之势时，其信息场的场级肯定在不断提高，最终使其社会地位不断提高，反之亦然。

总之，以后我们将更加关注由于信息生态的变化而导致的信息场变化方向与规律的研究，包括信息场的基本机理，信息场变化对其内、外信息存在方式和信息量的正、负影响，对信息运动生态链的震动幅度和震动力等。在对这些问题进行研究时，还有必要对与这些问题相关的理论进行更深层次的探究，如信息密度问题，如果简单地以人口密度的内涵标识，则有不确切之处，因此我们提出了"一定范围信息元的分布"的描述。信息密度在不同方面的表述是不同的，如一页文字所包含的信息量可作为该页文献的信息密度，但如果是一个区域，那么信息量的含义就显得很抽象，可以描述信息种群、信息人密度、信息资源密度、信息产品密度以及信息用户密度等，这些要素在一定程度上均可作为广义信息内涵中的信息元。因此将信息密度定义为信息元分布是比较合适的。

|第 5 章| 信息生态位的位移及影响

本章主要立足在信息场研究的基础上，结合生态位理论，对信息生态位的位移与影响进行分析，具体包括：从生态位理论出发对信息生态位内涵进行界定，从生态位维度出发对信息生态位维度进行描述，在此基础上，着重阐述信息生态位的不同位移方式及其相关影响。目的在于判断信息种群在信息场中所处的相对地位、功能及其变化。

5.1　问题的提出

在自然界，凡能够存在者就有其自身的"生态位"。通常亲缘关系接近的、具有同样生活习性的物种，不会在同一地方竞争同一生存空间。如果同时在一个区域则必有空间分割，即使弱者与强者共处于同一生存空间，弱者仍然能够容易地生存，这是因为没有两种物种的生态位是完全相同的，在食物依赖上也不完全相同，这是格乌司提出的一种"生态位"现象。人们把这种发现称为"格乌司原理"。由于生态位现象对所有生命现象具有普遍性的一般原理，生物所具有的各种属性人类都具有，因此它同样适用于人类。每个人都必须找到适合自己的生态位，即根据自己的爱好、特长、经验、行业趋势、社会资源等，确定自己的位置。人们在总结成功与失败的经验时，往往喜欢从资金、产品、市场来寻找原因，很少有人是从生态位的角度来寻找原因的。这里所说的"生态位"，包括两个方面：一是自己所处的生态环境；二是自己所需要的生态环境。所谓"生态位环境"，即自然环境和社会环境。自然环境为气候、食物、土壤和地形等；社会环境为文化、观念、道德、政策等。生态环境影响着一个人的性格，性格又对人的创业有直接影响。在对信息生态的研究中，阿列克谢·L.叶廖明认为"信息生态被看做是人们在信息交往的社会环境下生存和发展的状态，而且更多地将信息生态看做是一个集合概念，包含了信息的质量、管理、产品和价值以及信息服务与需求的评估等"①。肖峰认为"它也包含着确定一个组织中信息的创造、流动和使用的各种相互作用的社会、文化与政治亚系统，并主要由内容（content）、用户（user）和应用环境（context）三个因素构成"②。娄策群则认为"信息生态是信息人在信息环境中的生存和活动状态"③。凡此种种，不难看出信息生态包括三个方面的要素：一是政治、社会文化、信息人等主体，信息与信息产品等本体；二是要素系统、外部环境系统和内部环境系统；三是交换，包括信息与产品运动和转移。由此出发，在非常复杂的信息生态系统中，信息种群及信息人如何活动，活动能力大小，以及对周围生态的影响和信息生态对其的影响等，信息与信息产品如何实现交换，即如何实现信息的顺畅运动、转移等，在一定程度上取决于信息种群及信息人，即信息与信息产品创造者、交换者和利用者的基本地位和影响力。要判断其地位和影响力，就有必要对信息生态位进行进一步研究。

5.2　信息生态位的内涵

为了对信息生态位有更准确的认识和把握，首先从生态位理论的角度切入。自 1910 年美国学者 R. H. 约翰逊首次使用"生态位"一词后，现代中文也将 niche 译为"生态位"④。1917 年，J. 格林内尔（J. Grinnell）的《加州鸫的生态位关系》一文使该名词流传开来，但他当时所注意的是物种区系，所以侧重从生物分布的角度解释生态位概念，后人称为空间生态位。1927 年，C. 埃尔顿著《动物生态学》一书，首次把生态位概念的重点转到生物群落上来。他认为："一个动物的生态位是指它在生物环境中的地位，指它与食物和天敌的关系。"所以，C. 埃尔顿强调的是功能生态位。1957 年，G. E. 哈钦森（G. E. Hutchinson）建议用数学语言、抽象空间来描绘生态位。例如，一个物种只能在一定的温度、湿度范围内生活，摄取食物的大小也常有一定限度，如果把温度、湿度和食物大小三个因子作为参数，这个物种的生态位就可以描绘在一个三维空间内；如果再添加其他生态因子，则需增加坐标轴，改三维空间为多维空间，所划定的多维体就可以看成生态位的抽象描绘，他将其称为基本生态位。但在自然界中，因为各物种相互竞争，每一物种只能占据

---

① Eryomin A L. Information ecology—a viewpoint. International Journal of Environmental Studies, 1998, 54 (3/4).

② 肖峰. 信息生态的哲学维度. 河北学刊, 2005, (1): 49-53.

③ 娄策群. 信息生态位理论探讨. 图书情报知识, 2006, (5): 23-27.

④ 唐本安, 陈春福. 邱彭华. 生态海南生态位理论初步探讨. http://www.99ehn.com/ecf/dierjie/lunwen/2007-12-27/38760.html [2010-05-23].

基本生态位的一部分，他称这部分为实际生态位①。可见，所谓生态位实际上就是指物种在生物群落中的地位和作用。而这种地位和作用往往表现在空间、功能和不同维度上。根据生态学中对生态位的一般定义，结合信息生态的概念和特点，娄策群提出了"信息生态位就是指信息人在信息生态环境中所占据的特定位置。具体地说，信息生态位是指具有信息需求且参与信息活动的个人和社会组织在由其他信息人、信息内容、信息技术、信息时空、信息制度等信息环境因子构成的信息生态环境中所占据的特定位置"②。

作者认为上述观点是比较准确的。如果要借鉴一般生态位理论来阐释信息生态位，那么信息生态位是指信息在信息生态中的特定位置，以及信息种群在社会生态中的特定位置。这样表述有两个方面的含义：一是指微观的个体的信息人在由其他信息人和信息生态要素构成的信息生态中所处的特定位置；二是指宏观的从事信息活动的信息种群在社会系统中所处的特定位置。需要说明的是：①信息生态位的形成是由信息人、信息种群内在的知识结构、知识技能、信息素养以及价值取向等与外在信息环境相互作用、相互影响所决定的；②这种特定位置是通过其在信息生态体系中的相对地位与功能所表现的；③信息生态位是在信息人或信息种群不断完善、成长以及和外部环境不断匹配的过程中逐步形成的，是一个动态发展过程；④这个动态发展过程是持续的，主要由于信息人、信息种群的不断发展，促使其信息生态位不断变化，而信息内外生态环境的不断影响，则又使得其生态位不断变迁。因此信息生态位的变化与变迁就表现出位移的状态。

5.3 信息生态位位移的影响因素与测度

由于信息人是变换的，信息生态是变化的，社会大环境同样是在变化的，因此决定了信息生态位也是在不断变化中发展的。仅就信息生态位而言，信息生态位的变化一般包括信息生态位的收缩、拓展和位移。在这不同的变化中，信息生态位收缩和拓展是在原有核心位置的基础上进行的，从形式上看影响较小，而信息生态位的位移是将核心位置迁移或转移的过程，不仅将影响信息人的活动，而且对空间、功能、维度等方面均会产生影响。因此，我们将信息生态位的位移作为研究的重点。

---

① 朱金兆，朱清科，等. 生态位理论及其测度研究进展. 北京林业大学学报，2003，25（1）：100-107.

② 娄策群. 信息生态位理论探讨. 图书情报知识，2006，(5)：23-27.

5.3.1 信息生态位位移的缘起及影响因素

从生态位位移的情况看，一般认为生态位移动（niche drift）是指种群对资源谱利用的变动，是环境胁迫或者竞争的结果。唐本安等也认为"生态位移动是物种受环境压迫的结果，或者可以认为是物种激烈竞争的生存选择"①。通常情况下，在缺乏竞争者时，会出现竞争释放（competive release）状况。所谓竞争释放的发生，是"当两个竞争的种群之一远离这一区域，剩余的种群从限制该种群规模的一个因素出发而发生的生态位拓展"。或者是"由于种间竞争强度的减少使栖所范围和食物特选发生扩展。"可见竞争释放是物种生态位的拓张。而在竞争激烈的状态下则会出现性状移位（character displacement）的状况，如两个亲缘关系密切的种类"若在异域性分布中，它们的特征往往很相似，甚至难以区别。但在同域性分布中，它们之间的区别就明显，彼此之间必须出现明显的生态分离"②。格乌司原理同样说明"亲缘关系接近的，具有同样生活习性的物种，不会在同一地方竞争同一生存空间"。反之，也就是必须进行生态位位移。再从信息生态位的角度看，产生位移的原因无非也是环境压迫和激烈竞争。因为"生态位现象对所有生命现象而言是具有普遍性的一般原理，同样适用于人类，因为生物所具有的各种属性人类都具有"。例如，前面提到的位移状态，信息种群自身的因素或是信息生态的环境因素都可能引起其地位和功能的变化。这些变化将对信息生态系统产生影响，而具体变化可能体现在不同维度上，如时间维度、资源维度等方面。无论在何种维度上又都会产生重叠或分离等，同时这些现象又是信息生态位变宽或变窄的具体反映。因而，判断信息生态位的变化情况，就需要对信息生态进行测度方面的研究。

从以上"缘起"可知，一般认为发生位移主要是由环境胁迫与竞争造成的。我们认为这仅仅是一个方面的影响因素，在信息生态中信息种群的内在因素同样非常重要，因为从内外因关系上看外因通过内因而起作用。从信息种群的角度看，其信息动机、角色和素养等应该是影响信息生态位位移的内在因素，具体如下：首先，在信息社会中，信息种群的生存与发展往往都是在其动机的作用下进

---

① 唐本安，陈春福，邱彭华. 生态海南生态位理论初步探讨. http://www.99ehn.com/ecf/dierjie/lunwen/2007-12-27/38760.html［2009-10-30］.

② 生态位和竞争排斥原理. http://www.eedu.org.cn/Article/ecology/ecologyth/Populationeco/200406/1520.html［2009-09-22］.

行的，其动机则又是在其需求的前提下所形成的，同时需求又是在不断变化的，这种变化正如马斯洛的需要层次论所描述的，都是由低级向高级或者低层次向高层次不断变化和发展的。就信息种群来说每当其种群的整体需求向高一级的层次变化时，就必然会根据其新的动机适当地调整其生态位，从而促使其生态位位移，而这种位移往往是预期朝着有利于该信息种群的方向移动。其次，信息种群的角色是在不断变化的，这种变化实际上是体现信息行为和信息内容的增减，原来的信息生态位将会出现位移，如角色增加表明其活动范围的扩大、内容的增加，或者信息产品或服务的种类增多或服务项目的增多，这时信息生态位将会逐渐扩大，其在信息生态系统中的地位和功能将会提高。反之，角色的减少，必然会使其原来的生态位被挤压，进而逐渐减小。可见，信息种群角色的变化会影响到信息生态位的位移方向和幅度。再次，信息种群之素养也制约其生态位的变化。因此，我们认为关注信息生态位位移的内外在因素的共同影响，才能够更好地识别和处理信息生态位位移与变化问题。

5.3.2 信息生态位测度

从生态位理论的角度讲，生态位测度主要包括生态位宽度、生态位重叠、生态位分离、生态位体积和生态位维数等，而生态位宽度、生态位重叠是描述一个物种的生态位以及物种间生态关系的重要指标。为了研究信息生态位问题，这里我们首先对与生态位有关的一般理论及相关模型进行归纳，见表 5-1。

表 5-1 信息生态位宽度与重叠模型

提出者	模型	内涵
Shannon-Weiner	生态位宽度指标（B_i）： $$B_i = \dfrac{\lg \sum N_{ij} - \dfrac{1}{\sum N_{ij}} \sum N_{ij} \times \lg N_i}{\lg r}$$	式中，B_i 为第 i 个物种的生态位宽度；N_{ij} 为第 i 个物种利用第 j 个资源的数值；r 为生态位资源等级数。当物种利用资源序列的全部等级，并且在每个等级上利用资源相等（即 $N_1 = N_2 = \cdots = N_r$）时，该物种生态位宽度最大，$B_{max} = 1$；如果该物种利用资源序列中的 1 个等级，则该物种的生态位宽度最小，$B_{min} = 0$

提出者	模型	内涵
Levins	生态位宽度指数（B_i）： $$B_i = \frac{(\sum_i N_{ij})^2}{\sum_i N_{ij}^2} = \frac{1}{r \sum_{i=1}^{n} P_{ij}^2}$$ $$B_{i\max} = 1, \quad B_{i\min} = \frac{1}{S}$$	式中，P_{ij} 为第 i 个物种数量在第 j 个群落中的组成比，$i = 1, 2, \cdots$ 群落的物种数，$j = 1, 2, \cdots, n$；n 为群落总数；$0 < B_i \leqslant 1$，B_i 越趋向 1，物种的生态位宽度越大；$B_{i\max}$ 为生态位宽度的最大值；$B_{i\min}$ 为生态位宽度的最小值；B_i、N_{ij}、r 同上
Levins	生态位重叠指数（N_s）： $$Ns_{ij} = \sum_{h=1}^{n} P_{ih} \times P_{jh}(B_i)$$ $$Ns_{ji} = \sum_{h=1}^{n} P_{ih} \times P_{jh}(B_j)$$	式中，Ns_{ij} 和 Ns_{ji} 分别为物种 i 对物种 j 和物种 j 对物种 i 的生态位重叠；P_{ih} 和 P_{jh} 为物种 i 和 j 在第 h 个群落中的组成比；B_i 和 B_j 为物种 i 和物种 j 的生态位宽度 当两物种在任何一资源都不重叠时，$Ns_{ij} = Ns_{ji} = 0$；当两物种利用资源等级完全重叠时，i 种对 j 种的重叠正好等于 i 种的生态位宽度，即 $Ns_{ij} = B_i$，j 种对 i 种的重叠正好等于 j 种的生态位宽度，即 $Ns_{ji} = B_j$；当 B_i 大于 B_j 时，虽然两物种生态位重叠部分的绝对值相同，但 i 物种对 j 种的重叠大于 j 种对 i 种的重叠
Levins-Volterra	竞争系数（表示重叠）： $$\alpha_{xy} = \frac{\sum_{i=1}^{s} P_{xi} P_{yi}}{\sum_{i=1}^{s} (P_{xi})^2} = \sum_{i=1}^{s} P_{xi} P_{yi}(B_x)$$	表示物种 x 对物种 y 的生态位重叠程度，以 y 的生态位宽度 B_y 代式中的 B_x，则得物种 y 对物种 x 的生态位重叠。公式表明：重叠程度取决于 x 和 y 取用同一食物的概率及生态位宽度。因为多数物种生态位宽度不等，所以重叠对两物种的影响也不相等，即可能 $\alpha_{xy} \neq \alpha_{yx}$
Hutchinson	生态位重叠指数 $$C_{ij} = C_{ji} = \sum_{h=1}^{s} \frac{P_{ih} \times P_{jh}}{P_h}$$	Hutchinson 的生态位重叠指数考虑了在群落序列中资源不等价的问题 式中，C_{ij}、C_{ji} 分别为物种 i 对物种 j 和物种 j 对物种 i 的生态位重叠；j、s、P_{ih} 和 P_{jh} 与 Levins 的生态位重叠指数公式中的意义相同；P_h 为资源系列第 h 等级的资源占所有可利用资源的比例

续表

提出者	模型	内涵
Shannon-Weiner	生态位重叠指数（C）： $$C_{ij} = \frac{\sum\left[(N_{ih}+N_{jh}) \times \lg(N_{ih}+N_{jh})\right] - \sum N_{ih}\lg N_{ih} - \sum N_{jh}\lg N_{jh}}{(N_i+N_j)\lg(N_i+N_j) - N_i\lg N_i - N_j\lg N_j}$$	公式中的符号定义与上述公式相同，取值范围为 $0 \leqslant C_{ij} \leqslant 1$

注：模型出处为：韩崇选. 农林啮齿动物环境灾害修复与安全诊断研究——研究方法之生态位. http：//blog. 51xuewen. com/sendakingcat/article_ 21741. htm ［2010-07-06］；http：//www. chinabaike. com/ article/316/327/2007/2007022047133. html ［2010-07-06］；张文军. 生态学研究方法. 广州：中山大学出版社，2007

1. 信息生态位宽度及测度

所谓生态位宽度，是生物利用资源多样性的一个指标。在现有资源谱中，仅能利用其一小部分的生物，就称为狭生态位的，能利用其很大部分的，则称为广生态位的。对生态位宽度定量的方法很多，如把资源分为若干等级，并调查记录各个物种利用各个资源等级的数值[1]。

唐本安等提出"哲学生态位宽度或广度（niche breadth，niche width）是指被一个有机体单位所利用的各种各样不同资源的总和，从单维考虑，即是物种在该维上所占据的长度，也可认为，是指一个物种所利用的各种资源总和的幅度。自然界中，对于一个物种，在资源缺少的情况下，应该增加生态位宽度以促进生态位的泛化（generalization）；资源丰富时，应注意促进生态位的特化（specialization）"[2]。陈睿等认为"生态位宽度是指一个种群（或其他生物单位）所利用的各种不同资源的总和。一般地说，一个物种的生态位越宽，该物种的特化程度就越小，对环境的适应能力就越强"[3]。由此可见，所谓生态位宽度是指种群所利用各种资源的总和。就信息生态位来说，是信息种群及信息人（自然信息人、信息法人）所利用各种资源的总和。如果从信息资源生态要素上看，不仅涉及

---

① 韩崇选. 动物生态位的测定方法. http：//www. 51xuewen. com/u/1756989/article/32487- 1. htm ［2010-07-06］.

② 唐本安，陈春福，邱彭华. 生态海南生态位理论初步探讨. http：//www. 99ehn. com/ecf/dierjie/ lunwen/2007-12-27/38760. html ［2009-10-30］.

③ 陈睿，洪伟，吴承祯，等. 毛竹混交林主要种群多维生态位特征. 应用与环境生物学报，2004，（6）：724-728.

外部资源，包括政策法律、科学技术、文化教育等，而且包括内部环境资源、信息生产要素资源、信息运动要素资源和信息利用要素资源。在内部资源中信息生产要素资源实际上包括信息人力资源、信息技术资源、信息资本资源等，信息运动要素资源包括信息传播或转移人力资源、技术资源等，信息利用要素资源包括信息用户资源和信息市场资源等。这样我们可以将这些资源概括为信息人或信息种群生存和竞争所必需的资源，结合生物生态位的理论，可以建立多维信息生态位谱系，如图 5-1 所示。

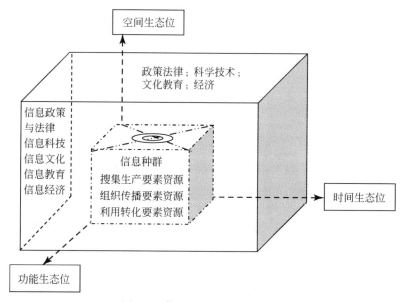

图 5-1　信息生态位谱系示意图

从图 5-1 可见，在内外两层的信息生态位要素中所包含的要素是信息人和信息种群所必需的。换句话说，这些要素相当于动物生态位中的"取食"种类。如果信息人或信息种群涉猎信息生态位要素种类为 N，获取各种种类的总个体数为 M，那么，获取每种要素的个体数分别为 N_1，…，N_i，…，N_m。于是，该信息人或该信息种群 P_i 在信息生态位要素资源中获取的要素为

$$P_i = \frac{N_i}{N_1 + \cdots + N_i + \cdots + N_m} \tag{5-1}$$

该模式表示该信息人或该信息种群 P_i 在第 i 种信息生态位要素的获取的个体数在总数中的比例。如果依据 R. 莱文斯提出的计算生态位宽度的公式，那么，该信息人或该信息种群 P_i 的生态位宽度 B 就应该为表 5-1 中描述的情况（该模

式是将生态位资源等级数考虑在内）。该模式主要是以物种数作为基础的，在此
基础上首先考察某个物种数量在某个种群中的组成比例，再考察某个种群与所有
相关种群之间的关系，以此来判断其生态位宽度。例如，表5-1所描述的生态位
宽度取值范围为 $0<B_i\leqslant1$，B_i 越趋向 1，物种的生态位宽度越大；B_{imax} 为生态位
宽度的最大值；B_{imin} 为生态位宽度的最小值。

对于信息人和不同维度上的信息种群来说，设置装有不同信息生态位的要素
槽 m 个，使一个具体的信息人获取槽中的要素信息，统计每槽取信息的个体数。
如果每槽个体数相等（这是一种极端情况，表明该信息人在所测范围内占有最
宽的生态位），此时 B 值最大；如果每槽个体数不相等，另一种极端情况是，所
统计的所有信息人或信息种群都在同一槽中获取同一种要素信息（同样是一种
极端情况），表明所统计的所有信息人或信息种群在所测范围内占有最窄的生态
位，此时 B 值最小。

2. 信息生态位重叠及测度

信息生态位重叠是以信息生态位宽度为依据的，通常表现在生态位较窄的情
况下。由于信息资源的缺乏导致多个信息种群需要获取相同槽中的信息，从而产
生激烈竞争。这里，我们根据 Levins-Volterra 种群竞争公式中的竞争系数 α 表示
重叠程度（表5-1）。如表5-1中 Levins-Volterra 公式所描述的，该模型表示物种
x 对物种 y 的生态位重叠。以 y 的生态位宽度 B_y 代式中的 B_x，则得物种 y 对物
种 x 的生态位重叠。公式表明：重叠程度取决于 x 和 y 取用同一食物的概率及生
态位宽度。因为多数物种生态位宽度不等，所以重叠对两物种的影响也不相等，
即可能 $\alpha_{xy}\neq\alpha_{yx}$[①]。实际上在表5-1中的诸多生态位重叠模式中，均可以看出，
尽管可以用任何一种模式描述种群生态位的重叠程度，但是有两个问题需要注
意：一方面，由生态位重叠度研究种群竞争时还要考察其生态位宽度，因为两个
不同物种尽管表现出很高的重叠度（在某种维度上），但不等于其竞争压力是相
同的，因为往往其生态位宽度是不同的；另一方面，在某一维度上重叠度较高，
说明竞争比较激烈，但不等于说其他维度的资源稀缺，如资源维度中的食物种类
数量、获取比例等，时间维度上的获取时间等，空间维度上的区域选择等。因
此，从理论上说，资源的丰富与稀缺是种群竞争表现的一个侧面，但是有时是因
为种群本身的因素，有时也可能是对比较丰富资源的难以获得（获取能力较为

---

① http://www.hoodong.com/wiki/%25E7%2594%259F%25E6%2580%2581%25E4%25BD%258D
[2008-11-05].

低下）而造成的。

　　具体到任何信息领域也是如此，如在不同的信息种群中，尽管其生态位的表现有所差异，但是因为其均是以信息和信息交换或信息传播为基础的，因此在其生态位表现出不同的宽度、信息生态位重叠或分离的状况。又如，媒介信息生态领域，媒体部分包括：传统媒体产品——报纸、杂志、广播、电视等；新媒体产品——互联网内容商（internet content provider，ICP）、移动内容商和影视内容商等。[①] 于是，无论是传统的平面媒体还是现代新媒体首先以获得信息为前提，在此基础上才能进行信息交换和信息传播。通常，传统媒体在信息获取和占有及利用方面尽管有已经形成的资源范畴，但是由于该类媒体本身获取资源信息的能力较低，即使在较为丰富的信息资源领域仍然有可能表现出劣势。而新兴媒体在信息资源获取、占有和利用过程中除与传统媒体具有的共同习性之外，在技术维度、设施维度等方面由于具有高速、信息挖掘的特殊能力，从而使其在这方面处于优势。因此，这里利用 R. 莱文斯–沃尔泰拉（Levins-Volterra）模型说明问题就是在于提醒人们注意这两个方面的问题。

5.4　信息生态位位移的状况、模式及影响

5.4.1　信息生态位位移的状况

　　信息生态位位移（information niche drift）是信息种群对信息资源资源谱利用的变动。这种移动主要是信息种群受信息生态环境压迫或者激烈竞争的影响所作出的生存选择。一般而言，有以下几种情况，即信息生态位收缩、拓展或分离。从集合论的角度看，可以如图 5-2 描述。

　　图 5-2（a）表明在二维环境下，某信息种群受到环境的压迫或竞争的激烈，使原有的信息生态位收缩，从而使得其获取信息的槽数在减少，并且使其在槽中获得信息的个数也在降低。尽管从一般意义上看，这种现象属于特化（specialization）的表现，但是如果是在信息生态位要素资源一定的前提下，这种收缩却是信息种群失败的表现。

　　图 5-2（b）与图 5-2（a）是一种相对的现象，属于信息生态位拓展。表明该信息种群在信息生态位要素资源一定或缺乏的情况下，具有较大的生存空间和竞争

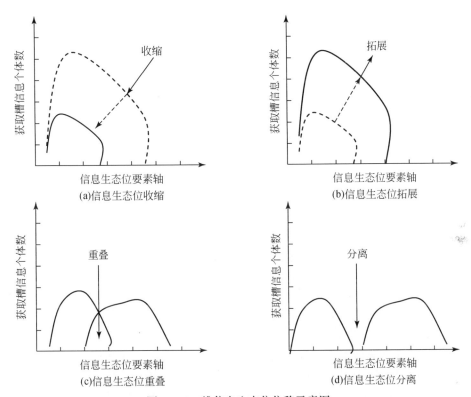

图 5-2　二维信息生态位位移示意图

能力。

图 5-2（c）对不同的信息种群来说，在同维的信息生态位中，其生存和竞争的态势是如何呢？该图表明不同信息种群的信息生态位处于重叠状态（如集合论中的交集），从重叠的信息生态位要素轴上看，他们除在一个槽中获取共同的信息外（且获取的个体数基本相同），还在不同槽中获取各自需要的信息，说明目前这两个不同的信息种群尽管存在竞争，但是其竞争还不是非常激烈。如果随着信息生态环境的进一步变化，如信息种群自身演变、信息种群所依赖的资源不断减少，那么其重叠的程度就可能增大，随之而来的便是激烈的竞争。

图 5-2（d）从形式上看，尽管表现出一种分离的过程，但似乎没有什么竞争。这是由于分离的程度还不大，分离度仍然交织在一个槽中，一旦环境或资源出现问题，还可能有一定的竞争，因此只有当分离度大于一个槽以上或更多，危机才会减小。这一点在哈钦森的生态位理论中的"回避竞争"表述很清楚，这种现象哈钦森描述为临界生态位，哈钦森给生态位下了这样一个定义：一个生物

的生态位就是一个 n 维的超体积，这个超体积所包含的是该生物生存和生殖所需的全部条件，因此，与该生物生存和生殖有关的所有变量都必须包括在内，而且它们还必须是彼此相互独立的。不难看出，采用这一生态位模型的困难在于并非所有的环境变量都能极好地按线形排列。为了回避这一困难，哈钦森又将其 n 维超体积模型改进成为一个集合论模型。图 5-3 就是超体积生态位理论与集合论对临界生态位的描述。

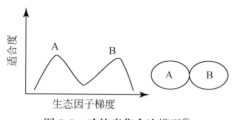

图 5-3　哈钦森集合论模型①

如果我们继续将信息生态位位移拓展到其谱系上，也就是说将研究的角度放在更大的范畴，那么其位移的影响可能更大。

由于多维模型很难用一个具体的模型描述，所以在对多维超体积描述中往往又采用简练和直观结合来处理问题。由图 5-4 可以看出，在多维（至少是四维）环境下，信息种群的生态位位移不仅影响同质信息种群的生存环境，而且还会受到来自不同维度异质混群的影响。如果混群泛化的趋势比较明显，那么对信息种

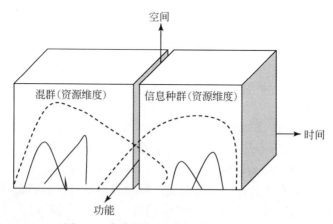

图 5-4　多维信息生态位位移影响示意图

---

① 尚玉昌. 生态学概论. 北京：北京大学出版社，2003.

群的竞争排挤力度更大。

而这时对于种群来讲，如集团产业往往采用宽生态位战略，这在约翰·W.迪米克（John W. Dimmick）的研究中已经得到体现，为了赢得竞争优势，较大的媒介企业往往向集团化方向发展，这符合组织个体的宽生态位战略。宽生态位战略的要义是试图创造一个较宽的企业生态位，以尽可能充分地开发各种各样的资源。具体包括：经营规模多元化、跨国运作、开发利用范围经济等。迪米克研究发现，迪斯尼、维亚康姆、时代华纳与新闻公司在 1987～1999 年的多元化指数 D 均值分别为 0.80、0.63、0.67 和 0.68，标准差分别为 0.14、0.24、0.18 和 0.13，反映了这些跨国媒介集团较高且较稳定的多元化经营水平。[1]

5.4.2　信息生态位位移的模式

从生态学的角度讲，种群在其已有的生态位环境中，无论是取食、生存还是竞争等方面的压力都有可能导致位移的发生。信息种群也是如此，因为信息种群主要是由信息人构成的。正如前面所提到的，无论是同质种群还是异质种群，还是信息种群与其他种群之间的竞争都有可能产生位移的现象。再从信息生态位位移的性质上看，如果仅仅从图 5-2(a)和图 5-2(b)说明信息种群作为主体在整体的信息生态系统中，由于受到环境的正负影响产生的位移现象，一般不会对其生态位的性质产生太大影响；如果从图 5-2(c)和图 5-2(d)重叠和分离的角度看，此时的位移可能会使一定信息种群的信息生态位发生本质的改变。那么为什么会发生这样的现象呢？主要是信息种群的信息生态位可能受到多维方向上的竞争与压力，迫使其发生位移。这里从以下方面看：首先，从压力指数方面看，在生态学领域生态压力指数一般包括人均生态足迹和人均生态承载力等方面，如肖玲等认为江西省人均生态足迹从 1990 年的 1.7340hm^2 增加到 2004 年的 1.9304hm^2，而同期的人均生态承载力则由 0.8934hm^2 下降到 0.7077hm^2，人均生态赤字由 0.8406hm^2 增长到 1.2227hm^2，生态压力指数从 0.78 增加到 0.98，其等级由不安全变为很不安全。说明江西省现有的发展模式是不可持续的，生态环境处于很不安全状态。[2] 再如，信息种群如果在单维或二维形成的压力环境下一般还可以求

① Dimmick J W. Media competition and coexistence: the theory of niche. // 支庭荣. 大众传播生态学. 杭州：浙江大学出版社，2004.

② 肖玲，董林林，兰叶霞，等. 基于生态压力指数的江西省生态安全评价. http://seekspace. resip. ac. cn/handle/2239/58752/[2010-07-27].

生存，如果超出此范围，很可能就发生本质上的位移。或者说，就是信息种群所形成的基本生态位，往往是多维的，在这样一个多维的环境下其压力指数超过其生存与发展的承受能力时就会发生根本性的位移。为此，借用生态学的基本观点来说明此问题，如图 5-5 所示。

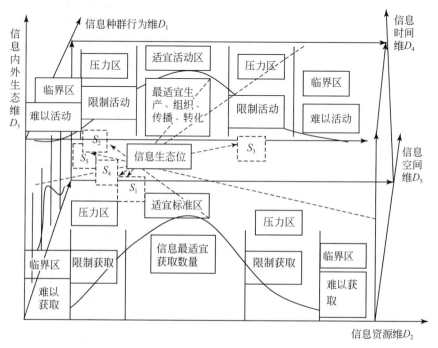

图 5-5 信息生态位综合模型

由图 5-5 可以看出，在一个多维（multidimensional）超体积的信息生态位模型中，任何一维（one-dimensional），对信息种群来说，都有其生存竞争和发展的不同受力区域，即适宜区、压力区和临界区。

一般而言，当信息种群处于适宜区时，其生存能力强、竞争能力也强，具有一定优势；如果处在压力区，则必然会受到某些方面的限制和制约，竞争力降低，生存压力增大，处于比较劣势的地位；而如果处于临界（critical）区，或者说是超承载（super load）区，这时将处于完全劣势状态。因此当信息种群处于劣势或完全劣势状态时，从负面影响的角度看，必然会引起信息生态位的位移。

需要说明的是为什么说是整体位移？是由于其处于超体积环境中，在多维领域很有可能会给信息种群造成一种综合压力，而这种综合压力正是促使信息生态位整体位移的主要因素。因为信息种群在所处的超体环境中可能受到多方面的影响力，从负面说就是压力，这种压力从力学的角度看是一种矢量，具有方向性。

这里我们仍然以图 5-5 说明问题，如一个具体的信息种群在这样一个至少有五个维度的模型中，假如说该种群在这五个维度上都处于一种临界区的状态，那么，其表现是什么样呢？具体来看，在信息种群行为维度上该种群的行为将会受到严格限制，同时其活动的时间（时间维）和空间（空间维）将非常有限，那么在资源维度上该种群很难获取所需资源。之所以该种群处于这么一种非常劣势的状态，除该信息种群的自身因素以外，归根结底主要是来自信息内外生态维度上的政策或法律，以及文化和技术层面上的负面影响力。这种影响力对信息种群来说是至关重要的。因此，为了进一步了解信息生态位位移的具体情况，这里不妨将图 5-5 的五个维度分解，必然得到图 5-6。

如果从方向上看这些压力必然都会指向一定的信息种群或信息人，那么该信息种群或信息人所处的生态位无论在 D_1，D_2，D_3，D_4，D_5 任何一个维度上将会分别产生不同的五种力 S_1，S_2，S_3，S_4，S_5 中任何一种情况。就整体压力 S 而言，图 5-6 中描述的整体压力 S 就应该为 S_1，S_2，S_3，S_4，S_5 的矢量和，即 $S = S_1 + S_2 + S_3 + S_4 + S_5$。试想一下，对于一定的信息种群或信息人来说，处于这样一种生态位中其结果不是被淘汰，就是重新转换角色，寻求新的生态位。因此说，这时信息生态位的位移可能将是本质性的改变。图 5-6 仅仅是对单一信息种群或个体信息人在不同维度上自身生态位发生的位移情况进行的描述，这样做只是想说明某信息种群或某信息人在一个复杂环境中其受到自身或环境甚至竞争对手等方面的压力后所产生的信息生态位位移，企图帮助人们从微观的角度研究信息生态位的位移问题。

如果从宏观一点的角度讲，众所周知，在信息生态系统中，往往不只是一个信息种群或一个信息人，那么在众多信息种群或信息人的情况下，尽管上述的相关维度仍然可以使用，但是对不同的信息种群或信息人来讲可能是在不同维度上受到的竞争、吸引、排斥等影响是不同的。这样就可以比较清楚地看出其信息生态位通过不同的位移所产生的重叠或分离的情况，如在"生态位法则"方面，Futman 等（1984）利用七个假定物种对两种资源的利用曲线，并以此作出的二维生态位空间图示在某一维度上生态位部分或完全重叠的物种，能在另一维度的生态位上彼此出现生态分离。

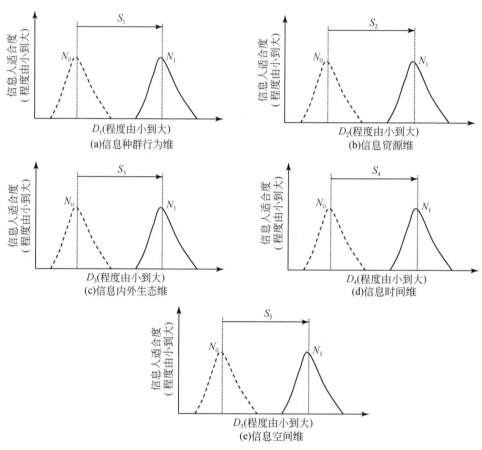

图 5-6　不同维度信息生态位位移

5.4.3　信息生态位位移的影响

除上述信息生态位位移的表现之外，还应该关注信息生态位位移的相互影响问题。

首先，信息生态位之所以发生位移是由于信息种群受到信息内外生态的作用而产生的移动，包括国家或区域政策的指导和调控的影响、信息文化尤其是信息伦理所产生的信息种群心理影响、信息素养对信息种群中信息人的信息活动产生的促进或制约的影响等。其次，是信息生态位位移对信息生态系统的反作用，因为以信息种群为主体的信息生态位一旦发生位移，必然会对原来的信息种群活动，乃至信息内外生态产生一定的影响，这是因为信息生态位位移的过程，就是原有信息生态系统平衡被打破的过程，在信息生态系统出现新的平衡前，这个间接过程是不平衡的，信息种群和信息资源同样出现了不平衡的状态，因此该过程是不稳定的。信息生态位位移所产生的反作用，往往是先影响信息运动链，使信息生产、信息组织与传播、信息转化的链状结构受到直接影响；接着将会对信息内生态产生一定的影响，如果位移的数量和幅度较大，必然在一定程度上迫使信息政策的调整和变化、信息技术开发与应用程度和过程变得无序、使得信息伦理受到一定冲击等；再接着势必会影响信息外生态，包括相应的政策、技术、文化教育等。因此在一定程度上需要对政策进行调整。因而应该特别关注这种反作用。再次，关注生态位因子的突变现象，随着信息环境的变化，信息生态位存在着漂移现象，这种漂移，可能是缓慢渐变的，也可能是剧烈、突变的。其中，尤以突变的情况对信息人的影响最为重要。这种突变通常表现在"需求因子突变、资源因子突变、技术因子突变和位势因子突变"①。例如，在需求因子中主要是需求偏好问题，通常对具体的信息主体来说，可以从顾客满意度和顾客忠诚度等方面得以体现；资源因子则主要从资源的独特和替代性的方面来把握；技术因子，则应关注技术规则的本质变化，换句话说就是特别要注重技术的创新、拥有程度；位势因子，从信息人的角度讲，其位势之所以发生变化，可能由于信息与信息产品的竞争力的变化、信息市场结构的变化，以及前面的需求、资源或技术等的变化而造成的。因此，就信息种群和信息人而言在信息生态环境的活动中，尤其要关注相关的决定信息生态位的主要因素可能发生的突变问题。

5.5　案例研究

5.5.1　判断依据说明

那么，如何判断信息种群的信息生态位位移？我们认为之所以发生信息生态位位移都是信息种群竞争的结果，这些竞争既包括信息内外生态因素，也包括信息种群自身的因素。因此，在研究信息生态位的位移及影响时首先需要考虑这些基本因素。同时，信息生态位位移主要从信息生态位宽度和重叠的角度表现的，一般而言生态位较宽的信息种群其竞争力越强，反之越弱；同理信息生态位重叠

---

① 金兰丹. 信息生态位突变模型研究. 数字技术及应用，2009，(10)：167-168.

度越高，竞争越趋激烈，反之竞争比较平和。基于此，我们认为在具体判断信息生态位的位移时可以借鉴国外学者的成果，如 R. 莱文斯的生态位宽度模型、沃尔泰拉的种群竞争系数（表示重叠）等，尤其是迪米克提出的一系列媒介生态位模型，如迪米克在《媒介竞争与共存》一书中，提出了广告开支维度上的生态位宽度 B、生态位重叠 $d_{i,j}$ 和竞争优势 $\alpha_{i,j}$ 的度量指标及计算方法。为了说明问题，这里对约翰·W. 迪米克的系列相关模型[①]进行介绍。

（1）媒介生态位宽度（B），表达模型为

$$B = \frac{1}{\sum\limits_{i=1}^{m} P_i^2} \tag{5-2}$$

式中，P_i 为一个种群（如电视、广播或有线）从某一微观维度（如全国、地区或插播广告）中获得的收入。一般地说，专业化的媒介比一般化的媒介宽度更窄。

（2）媒介生态位重叠（$d_{i,j}$），表达模型为

$$d_{i,j} = \sum\limits_{h=1}^{m} \left(P_{i,h} - P_{j,h} \right)^2 \tag{5-3}$$

式中，$d_{i,j}$ 为种群 i 与 j 的距离；P_i 为在某一微观维度上种群 i 的资源使用的比率；h 为种群使用的各个资源微观维度。一般地说，高分值意味着低度重叠。

（3）媒介种群竞争优势（或竞争系数）（$\alpha_{i,j}$），表达模型为

$$\alpha_{i,j} = \left(\frac{T_j}{T_i} \right) \left[\frac{\sum\limits_{i=1}^{m} \left(d_{i,k}/f_k \right) \left(d_{j,k}/f_k \right)}{\sum\limits_{i=1}^{m} \left(d_{i,k}/f_k \right)^2} \right] \tag{5-4}$$

式中，$\alpha_{i,j}$ 为种群 i 对种群 j 的竞争优势；T_j/T_i 为种群 j 中一个个体消费的资源类型的数目对种群 i 中一个个体消费的资源数目的比率；f_k 为资源 k 被种群 i 与 j 使用的频数；k 为一个微观维度资源，如网络或本地广告，为环境中资源 k 的频数，或某一微观维度使用这一资源的所有媒介获得的广告资源总量。

值得提出的是迪米克在其研究过程中，在对无线和有线电视在广告开支生态位的相对时间段的各自的宽度和重叠以及竞争优势的计算过程中，得出了一般化的媒介比专业化媒介在某微观维度上的生态位要宽的结果；从重叠的角度看，一

---

① 本节公式均引自 Dimmick J W. Media competition and coexistence：the theory of niche//支庭荣. 大众传播生态学. 杭州：浙江大学出版社，2004，110.

般是分值越高，重叠度越低；同时，有线电视竞争优势的体现是需要一个过程的，该过程包括受众认可、信任、受众习惯的转变等。需要说明的是，这里之所以又借用约翰·W. 迪米克的模型研究个案，主要是因为该模型比较直观，又能较好地说明问题，且易于操作。

5.5.2 案例分析：全国图书期刊报纸出版业情况

根据表5-2，我们将2008年图书、期刊、报纸的出版印刷情况作为该年度三种资源总量（K_1、K_2、K_3），将全国七个大区中的华北、东北、华东、华中、华南、西南、西北作为7个信息种群（I_1、I_2、I_3、I_4、I_5、I_6、I_7），而各区中的省（自治区、直辖市）数作为该物种的个数，再将各区中各省（自治区、直辖市）的平均数（分别是图书、期刊、报纸各自的平均数）作为该物种中的一个个体消费资源的数目 T。

表5-2 按区域全国出版业种群竞争优势要素（2008 年）

区 域 ＼ 类 型	图书/亿印张		期刊/亿印张		报纸/亿印张	
	合 计	平 均	合 计	平 均	合 计	平 均
全 国	560.7		158		1930.6	
华 北	33.96	6.79	10.3	2.06	187.9	37.58
北 京	7.82		2.5		49.9	
天 津	3.55		1.9		54.5	
河 北	10.1		2.3		48	
山 西	7.63		3.1		29.3	
内蒙古	4.86		0.5		6.2	
东 北	35.77	11.92	10.8	3.6	147	49
辽 宁	8.58		4		83	
吉 林	22.84		4.3		40.1	
黑龙江	4.35		2.5		23.9	
华 东	122.22	17.46	26	3.71	577.3	82.47
上 海	24.9		9.3		88.2	
江 苏	30.18		3.9		119.1	
浙 江	18.18		3		119.5	
安 徽	16.06		2.1		38.4	

类 型 区 域	图书/亿印张		期刊/亿印张		报纸/亿印张	
	合 计	平 均	合 计	平 均	合 计	平 均
福 建	5.04		1.3		40	
江 西	9.5		1.9		20.6	
山 东	18.36		4.5		151.5	
华 中	**49.02**	**16.34**	**19.6**	**6.53**	**189.6**	**63.2**
河 南	14.49		3.8		54	
湖 北	16.31		12		86.8	
湖 南	18.22		3.8		40.1	
华 南	**41.96**	**13.99**	**16.6**	**5.53**	**429.4**	**143.13**
广 东	20.37		13.9		396.3	
广 西	16.29		1.9		25.3	
海 南	5.3		0.8		7.8	
西 南	**39.2**	**7.84**	**13**	**2.6**	**148.8**	**29.76**
重 庆	9.34		3.5		32	
四 川	14.36		7.1		75.1	
贵 州	5.94		0.8		13.9	
云 南	8.79		1.5		27	
西 藏	0.86		0.1		0.9	
西 北	**26.33**	**5.27**	**8.7**	**1.74**	**67.8**	**13.56**
陕 西	15.72		2.8		38.3	
甘 肃	3.94		4.8		11.9	
青 海	0.69		0.1		2.5	
宁 夏	1.02		0.2		3	
新 疆	4.96		0.8		12.1	

注：依据2009年《中国统计年鉴》二十一相关数据汇总并制定而成

再根据约翰·W.迪米克生态位竞争模型可以计算全国七大区出版业竞争的优势和劣势（以7个种群在图书 K_1 资源这一个维度上的竞争为例说明）。

（1）I_1 对 I_2 的竞争优势（华北对东北），计算如下：

$$\alpha_{1,2} = \frac{11.92}{6.79} \times \frac{(33.96 \div 0.124)(35.77 \div 0.124)}{(33.96 \div 0.124)^2}$$

$$= 1.756 \times 1.053 = 1.849$$

（2）I_2 对 I_3 的竞争优势（东北对华东），计算如下：

$$\alpha_{2,3} = \frac{17.46}{11.92} \times \frac{(35.77 \div 0.262)(122.22 \div 0.262)}{(35.77 \div 0.262)^2}$$

$$= 1.465 \times 3.417 = 5.006$$

（3）I_3 对 I_4 的竞争优势（华东对华中），计算如下：

$$\alpha_{3,4} = \frac{16.34}{17.46} \times \frac{(122.22 \div 0.305)(49.02 \div 0.305)}{(122.22 \div 0.305)^2}$$

$$= 0.936 \times 0.401 = 0.375$$

（4）I_4 对 I_5 的竞争优势（华中对华南），计算如下：

$$\alpha_{4,5} = \frac{13.99}{16.34} \times \frac{(49.02 \div 0.162)(41.96 \div 0.162)}{(49.02 \div 0.162)^2}$$

$$= 0.856 \times 0.856 = 0.732$$

（5）I_5 对 I_6 的竞争优势（华南对西南），计算如下：

$$\alpha_{5,6} = \frac{7.84}{13.99} \times \frac{(41.96 \div 0.145)(39.2 \div 0.145)}{(41.96 \div 0.145)^2}$$

$$= 0.560 \times 0.934 = 0.523$$

（6）I_6 对 I_7 的竞争优势（西南对西北），计算如下：

$$\alpha_{6,7} = \frac{5.27}{7.84} \times \frac{(39.2 \div 0.117)(26.33 \div 0.117)}{(39.2 \div 0.117)^2}$$

$$= 0.672 \times 0.672 = 0.452$$

由此可以看出不同区域的图书出版业各自之间的竞争，根据此原理，同样可以得出这七个信息种群在期刊、报纸两个资源维度上的竞争优势。将这些竞争优势相加之和就可以继续得出某两个种群在出版业整体中的竞争态势。自然就可以辨析他们之间生态位的宽度和重叠情况。进而研究其整体上的竞争优势和劣势。需要说明的是，这里仅仅是从各地出版业分别占全国出版业总量之份额的基础上进行分析（且只是印刷量）。因此，要研究该类种群的生态位状况还需要考虑其距离，尤其是价值问题。例如，从表 5-3 关于出版业的进出口的价值比上看，我国的出版业和国外出版业在竞争方面还有不少劣势。

表 5-3　全国图书、期刊、报纸进出口情况（2008 年）

指　标	出　口			进　口		
	种数/种次	数量/(万册、份)	金额/万美元	种数/种次	数量/(万册、份)	金额/万美元
图　书	900 204	653	3 131	648 907	438	8 155
期　刊	46 098	92	218	53 759	449	13 291
报　纸	902	56	139	1 121	2 566	2 615

从图书出口和进口的种类和数量上看，进口分别是出口的 0.721 和 0.671；从出口与进口的收入与支出上看，进口占到出口的 2.605。说明我国知识产品的价值比较低，与国外相比差异还非常大。

总之，信息生态位位移的影响因素应该从两个方面来说：一方面是影响信息生态位位移的主要因素，概括地说涉及内因和外因。信息种群的内因，包括信息素养、信息技能、信息能力等。其中，信息素养又主要包括受教育程度、信息文化及伦理所形成的种群自身心理等，信息技能则包括信息获取、信息处理、信息吸收与消化等。而信息能力应该包括信息分析与预测、信息决策和生存竞争能力等。其外因包括信息内外生态的相关因素。另一方面是由于信息生态位位移所产生的影响，从正面的角度有利于信息资源配置与布局，有利于信息人的价值体现和提升信息种群的竞争力；但是从负面的影响看，将会导致信息资源的不均衡，信息生态链的脆弱或断裂，最终影响整个信息生态系统。因为信息生态位位移的主体是信息种群或是信息种群中的信息人。

既然信息生态位是以信息人或信息种群作为主体，那么必然由于社会分工和社会需求的不同，出现不同层次和不同类型的信息人或信息种群。因此，对其特定位置进行研究，就需要解决两个方面的问题：一方面是对具有交互关系状态的信息生态位的研究，如对重叠状态、包含状态和交叉状态的不同信息生态位进行探讨；另一方面是对处于分离状态的信息生态位进行研究，如具有相邻关系、远离关系等。此外，还要对随着信息人时空环境的变化而产生新的信息生态位进行进一步研究。具体包括信息生态位位移幅度的判断，信息生态位的位移对原集合内外其他信息生态位的影响，以及对整体信息运动生态链的影响。

第 6 章 信息生态链

本章主要在立足信息场和信息生态位的基础上，结合价值链、信息价值链等基本思想，从信息种群活动出发，对信息生态链构成、污染及其治理等进行分析。目的在于判断信息生态链的构成要素、结构关系和不同方面的影响。

在我们对信息生态中的信息场、信息生态位等分析之后，这里主要就信息生态链进行分析。而要研究信息生态链，就必然先要研究信息价值链，因为信息生态链是以信息价值链为核心要素的。同理，要研究信息价值链则又需要先研究价值链的基本理论与方法，因为信息价值链是价值链理论与方法在具体的信息资源管理领域的应用。因此，该部分所研究的基本线路为：价值链—信息价值链—信息生态链。从而不难看出，这里将以价值链为背景，以信息价值链为基础对信息生态链的核心问题进行研究和探讨。

6.1　问题的提出

价值链（value chain）这一概念是由美国学者迈克尔·波特于 1985 年在其《竞争优势》一书中最早提出的。它的提出背景是以企业竞争为前提和研究对象的，因而作者认为企业价值链是由企业运行的各有机构成部分如资金流、物流、信息流等各自形成的小链交织而成的。其中，企业的信息流所包含的信息活动形成信息价值链（information value chain），这里的信息活动包括信息的收集、记录、传递、汇总、报告等。在企业价值链的体系中，无论是资金流，还是物流，其各环节中信息传递的便捷、畅通则成为实现企业整个价值链管理的根本保证。通常情况下，传统的价值链模型主要包括两个方面的内容：主要活动，如供应与原料仓储、生产运营、市场营销及销售、售后服务等；支持活动，如组织建设、采购管理、信息管理、人事管理、技术开发等。这时的价值链体系可以说是将信息的价值链隐含于其辅助活动的要素中，这说明对信息价值链的认识还有一定的局限性。随着时间的推移、技术的发展、管理理念的转变，人们逐渐认识到即使在传统的价值链中，资金链中包含的资金活动与物质链中包含的物流活动，均有大量的信息活动。由此出发，价值链理论中所包含的信息流与信息活动对物流和资金流的规范、引导、控制、纠偏等都有着不可或缺的作用。基于此，理论界不断对传统的价值链模型进行改进并付诸于实践，主要改进的重点是将价值链中的主要活动的流程化管理引入了系统与资源管理的理念，如以 MIS 为核心的企业资源计划（enterprise resource planning，ERP）、供应链管理（supply chain management，SCM）、客户关系管理（customer relationship management，CRM）、网站、电子邮件等逐步运用于价值链管理中。同时对传统的支持或辅助性活动的内涵的改造和深化得到了重视，如早期的人事管理、技术开发等，逐渐被人力资源管理、R&D 所取代。说明价值链理论演进也在不断深化。

到目前为止，在价值链研究的过程中，既有对传统价值链的关注，又有对改进和拓展的价值链的研究。然而，价值链理论如何引入信息价值链中，信息价值链又如何体现在信息生态链中，最终如何架构以信息价值链为基本要素的信息生态链等，均成为关注的焦点。

6.2　信息价值链分类

从图书情报学科的发展看，基本脉络是文献—信息—知识。这里我们将从文献价值链、信息价值链和知识价值链综合的角度进行整体分析。

6.2.1　文献价值链

在文献管理领域，早期注重以载体作为基本的管理对象，如图书、期刊、报纸等。随着网络的发展和信息技术的不断应用，文献的内涵和传播方式都在不断丰富和拓展。在这种情况下，对文献价值链的探讨，逐步从文献活动、文献传递的角度，向以用户需求为核心要素的方面转移。这方面国外学者已经做了不少研究，并取得了一些成果，如詹尼弗·克拉姆（Jennifer Cram）在 *The default library and the veil of ignorance：personal service design and delivery in a virtual service age* 中指出图书馆服务的用户体验质量还来自三个变量的复杂相互作用的集合。这三个变量的集合大致可以分为环境、技术和态度。作者认为，所谓"环境变量，其中包括狭义的（图书馆）和更广泛的（社区）环境，包括外部环境条件、内部管理风格和组织文化。技术参数，在提供优质服务方面发挥着促进或阻碍等关键作用，包括技术信息的质量、图书馆基础设施和设备，以及绩效衡量制度。态度变量，包括假设、价值观、信念和每个图书馆工作者的期望，以及每个图书馆的用户愿望。"①

从詹尼弗·克拉姆的观点我们可以看出，文献价值链是从图书馆输入即采集数据（library input-collections databases）开始，就是信息实现增值的初始过程。具体而言，基于服务的价值链实际上是包含在两个主体要素之间的信息输入与输出活动，如图 6-1 所示。

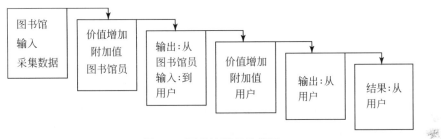

图 6-1　图书馆服务价值链

如果最终从用户角度再输出，那么就又可以反馈给图书馆员，这样就可以使信息实现第三次增值。如果说詹妮弗·克拉姆的观点是以基于用户需求为目的，那么，我们认为文献价值链的节点主要体现在以下环节，如图 6-2 所示。

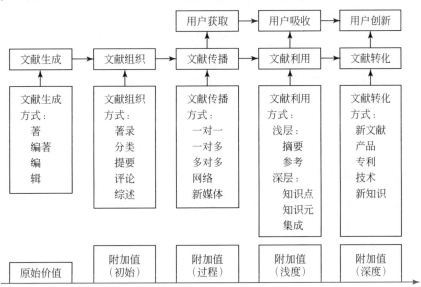

图 6-2　文献价值链模型

---

① Cram J. The default library and the veil of ignorance: personal service design and delivery in a virtual service age. 12th ALIA National Library Technicians Conference. 9-12 September 2003. Bridging services-embracing reality.

从文献价值链的整体模型可以看出，主要是以基于文献生命周期作为建模的依据。也就是说文献价值链中的节点包括生成、组织、传播、利用和转化。尤其是生成和转化两个节点，在以往的研究中多被忽视，应引起高度关注。

6.2.2　信息价值链

1. 信息价值链界说

在对信息价值链的研究中，不少学者先从信息链的角度出发，试图研究信息价值与增值。例如，孙金立和孙薇认为"所谓信息链，就是以信息为中心环节，描述信息运动的一种逻辑构造"。信息链由事实（facts）—数据（data）—信息（information）—知识（knowledge）—智能（intelligence）五个链环构成[1]。陈道志则提出"信息链就是联结信息流节点之间的纽带"。[2] 另外，还有一些学者提出了类似的观点。

纵观一系列研究成果，如果仅仅谈及信息链，则只能从两个方面理解：一是就信息而言，它处在构成信息资源体系中的基本位置，是以信息资源为背景的，第一种观点就说明此问题；二是信息链是形成信息流的基本活动之间的关系。但这些观点并没有从本质上反映信息价值增值的基本点和基本活动。从迈克尔·波特的价值链理论，不难发现，随着知识经济和信息化时代的出现，从信息资源的角度讲，资源数量"增长的无限性和人的吸纳能力的有限性"、"信息分布和流向的不确定性与用户需求多样化"、"信息流动的广度和深度与人为障碍"等之间的矛盾日益突出。如何在信息的传递过程中，使适当的信息在适当的时候，以适当的方式传递给适用的读者或用户，已经成为信息价值实现的关键。

2. 信息价值链模型构建依据

目前，理论界已经勾勒出一些信息价值链的基本模型，笼统地看，确实有各自的道理。如果具体分析，就又显示出各自的局限性。因此我们认为，在研究和分析信息价值链的过程中，首先应该遵循基本的价值理论和成熟的价值链理论。例如，迈克尔·波特的价值链，其核心部分是对组织主要活动和辅助活动的描述。在此前提下，进一步阐述主要活动中各相关要素之间的关系，从而发现组织

---

[1]　孙金立，孙薇. 信息链结构之探讨. 中国索引，2008，（3）：14-16.
[2]　陈道志. 从信息链的角度探究供应链管理模式. 情报科学，2005，（8）：1262-1265.

价值增值的关键部位。其次应该依据信息资源管理的基本理论与方法，架构信息活动中主要活动和辅助活动的各自相关要素，继而揭示各相关要素之间的关系。再次是需要结合网络技术和现代信息技术将其主要活动和与之关联的辅助活动通过必需的网络信息技术得以实现。这样才能从整体上考察和构建信息价值链模型。

根据上述依据，信息价值链一般应该包括两个层面，即组织主要活动和辅助活动。从信息的属性与特征以及信息活动的完整过程看，应该综合信息增值的技术手段和方法，构造企业信息价值链模型，在其辅助活动中包括"信息技术、企业文化、信息资源"；在基本活动中包括"信息描述概括、信息分类组织、信息标引检索、信息加工传递、信息服务等"。这是 MBA 智库中的一个模型。严格来说，该模型并不属于完整的企业价值链模型，也不属于信息价值链模型。

原因主要表现在以下两个方面：其一是该观点只提出了辅助活动和主要活动的基本框架，但对框架内的要素描述不是很严谨。如果说是信息价值链模型，那么其辅助活动中首先应该包括信息文化、信息伦理和信息道德，换句话说应该是信息价值观。这个问题在国外的有关成果中已经得到验证，如 Chun Wei Choo 等提出的信息生态是认为延长达文波特（Thomas H. Davenport）提出的框架，我们建议，在分析一个组织的信息生态时，下面的 8 个要素需要被审视：该组织的使命（the organization's mission）、局域网目标（the intranet's goals）、信息管理计划（information management plans）、信息文化（information culture）、信息政治（information politics）、物理环境（physical setting）、信息工作人员（information staff）、信息处理（information handling）①。其二如果说该模型是企业信息价值链，那么基本活动应该是企业的基本活动，而所有的信息活动要素则应该是其辅助活动的范畴。因此作者认为，信息价值链（information value chain）中的基本活动应该包括信息描述、信息分类与组织、信息标引与检索、信息加工与传递以及信息服务等；其辅助活动包括，信息技术、信息文化、信息政策和信息资源等。

此外，研究信息价值链的同时要考虑信息生态体系，因为信息价值链不是孤立的（该问题将在信息生态链中专门阐述）。而在信息价值链中实际上体现信息增值的应该主要取决于两个层面上的要素，即从大的方面取决于信息生态，具体方面则取决于信息用户，而对信息用户来说，主要包括用户的问题状况和信息行

---

① Choo C W, Detlor B, Turnbull D. Information seeking and knowledge work on the World Wide Web. Kluwer Academic Publishers, 2000.

为。这一点国外学者做得比较好，如 Choo 等在 *Information seeking and knowledge work on the World Wide Web* 中将信息增值的过程放在信息生态中进行研究①。

6.2.3　知识价值链

以往人们在对知识价值链讨论时往往只就知识的输入开始，然后开展知识活动，通过一系列的组织、分类、标引等工作后，就开始知识输出。较少关注知识生成过程中知识的原始价值问题，对知识输出之后对受众在知识吸收、知识创新以及进一步实现知识分解、重组和转化也关注的不够。为此，作者认为，从野中郁次郎教授于 1991 年提出的知识螺旋（spiral of knowledge）理论得知，企业组织的知识活动可通过社会化（socialization）、外部化（externalization）、结合化（combination）以及内部化（internalization）四种循环形式得以实现。而罗伯特·S. 卡普兰（Robert S. Kaplan）和戴维·P. 诺顿（David P. Norton）提出的平衡计分卡（balanced scorecard），强调以财务（financial）、顾客（customer）、企业内部流程（internal business process）、学习与成长（learning and growth）四个方面来考核一个企业组织的绩效，而不是仅以单一的财务指标来衡量。霍华德·加德纳（Howard Gardner）教授也强调，智力测验（IQ test）不应作为衡量一个人智慧与能力的单一指标，因此他提出多元智慧（multiple intelligences）的理论，强调每一个人都具备八项多元智慧的观念。在一系列有关知识价值实现的理论出现之后，国内外对知识价值链的研究也在不断深化。这里结合迈克尔·波特的价值链理论及相关研究成果试架构知识价值链模型，如图 6-3 知识价值链模型所示。

从图 6-3 知识价值链模型可以看出，要体现一个完整的知识价值链，不仅要关注一般的知识发展过程，包括知识生成—知识活动—知识转化，而且要特别关注每个过程中的基本要素及其内涵的揭示。

从知识生成的角度看，首先，应该关注知识元素。因为任何知识都是人们在社会实践活动中的高度概括和总结，进而指导社会发展实践的客观存在。由此出发，就需要关注这些表现的要素，如事实、数据、信息等，还需要关注相关的经验与社会不断传承下来的东西，否则很难体现知识生成的依据和背景。其次，要关注知识点的形成过程和知识单元的架构过程，这样才有可能判断某种知识的范

---

① Choo C W, Detlor B, Turnbull D. Information seeking and knowledge work on the World Wide Web. Kluwer Academic Publishers, 2000.

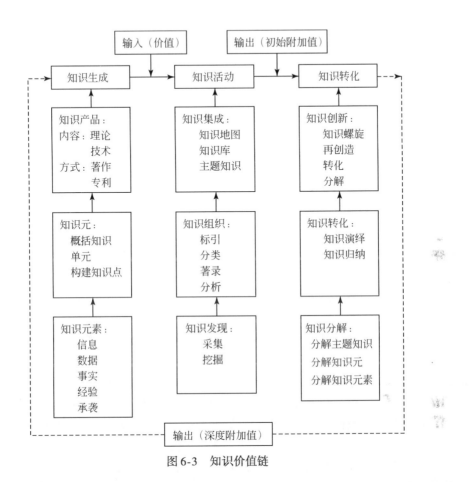

图 6-3　知识价值链

畴和内在结构及其关联。再次，人们根据以往的事实、数据、信息等，采用结构理论对其采用不同方式的模式构建和确立内在逻辑关系，从而形成不同形式的知识，如新知识、集成知识等。这些不同形式的知识，其价值的表现往往是不同的。

从知识活动的角度看，首先，应该关注知识活动的前提和基础，就是从知识挖掘、知识发现开始，进行知识的搜集活动。其次，对知识进行组织，包括知识分析、知识著录、知识分类和知识标引。因为知识组织的方式不同往往体现知识的原始价值和附加值是有一定差异的。例如，在知识组织过程中，对其内涵揭示时，如采用题录—文摘—综述—专题评论，这几种方式在对知识揭示和增加附加值方面，从理论上应该是依次递增的。最后，知识活动中的第三步应该是主题知识—知识库—知识地图。尽管知识地图往往被理解为知识导航，但如果没有知识库和主题知识作为知识系统的基本内容，那么知识地图是无法构建和实现知识导航的。因此图6-3中内容框架不仅体现其各自的内涵，而且也明确反映了其结构的内在逻辑关系。

从知识转化的角度看，首先，它是实实在在的一系列知识获取—知识辨识—知识分解—知识重新归纳和演绎—知识螺旋发展的创新过程。在这些过程中，如何实现知识转化，读者或用户首先是通过对知识元素、知识元、主题知识进行分层解析和辨识。其次，根据各自的认识水平、辨识能力以及相应的必要技术方法的掌握情况，对所获取的相关知识进行体系化的综合和推断，该过程实际就是知识重新归纳和演绎的过程。再次，读者或用户就对应获取的相关知识进行主观意识层面上的进一步判断，该判断过程就是具体的知识创新的过程。由此，完成了一次知识的螺旋发展过程，套用企业理论的话来说，就是一个知识生命周期。

6.2.4　比较研究

在对相关价值链理论了解的基础上，这里主要对文献、信息和知识价值链进行简单分析。首先，在三种不同的价值链体系中，其过程均包含输入—活动—输出。尽管该过程貌似简单，但事实上由于其研究的对象不同，其内涵则是非常丰富的。即使在文献价值链体系中，同样包括文献生成、文献组织与处理和文献传递。如果仅就生成的方式看，既包括著、编著、编、辑和录，又涉及诸多知识产权方面深层的内容。因此，我们是否这样理解信息资源价值链的架构和判断问题，就应该先从一系列的输入、组织处理和输出活动中了解文献、信息和知识的价值增值是否能真正体现，这是其本质所在。其次，无论是文献价值链，还是信息与知识价值链，研究的过程均是对读者或用户多元化需求的满足程度的判断，提升读者或用户吸收信息和知识的基本能力，提高其运用文献、信息、知识等的综合知识创新水平则是基本目的。因此，在信息价值链研究中应始终围绕读者和用户展开。再次，对价值链的研究不仅要关注实体价值链问题，而且还要关注虚拟价值链问题，以及实体与虚拟价值链的结合问题。例如，杰弗里·F. 雷波特（Jeffrey F. Rayport）和约翰·J. 斯威尔克拉（John J. Sviokla）于1995年最早在《开发虚拟价值链》（*Expoiting the virtual Value chain*）一文中提出的虚拟价值链（virtual value chain），认为"进入信息经济时代的企业要在两个世界中竞争：一个是管理者可以看到、触及到的由资源组成的物质世界，称之为市场场所；另一个则是由信息所组成的虚拟世界，称之为市场空间。企业在市场场所和市场空间中的竞争规则不同"。传统的价值链中尽管也包含信息的内容，但只将其视为价值增值过程的辅助成分而非源泉。虚拟价值链却并不仅仅包括一般信息的价值增值活动，更重要的它还是一种为顾客"重新创造价值"的活动。关键之处在于，它是超越对实体过程的简单理解，通过寻找信息取代实体过程而不仅仅是记录实体过程的领域以改变企业经营方式。虚拟价值链的任何环节创造价值要涉及五个步骤：收集、组织、挑选、合成和分配信息。因为信息不仅有益于理解或者改变实体世界，还可超越实体世界，提供生产新产品、新服务和开拓新市场的机会。从相关虚拟价值链的思想描述中可以看出，无论是传统价值链、改进价值链，还是增加信息市场空间信息虚拟价值链，以及结合波特模型所形成的复合信息价值链，都有其基本活动和相关辅助活动，如图6-4所示。

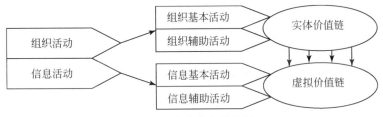

图 6-4　复合信息价值链

从图 6-4 可见，基本活动分别为组织活动和信息活动。而这些辅助活动分两个层面理解：在信息辅助活动层面中包括信息技术、信息文化、信息资源等；在一般组织的辅助活动层面中主要包括技术、组织文化、信息搜集与信息挖掘、信息组织、信息筛选与集成、信息配置或信息分配等（这些活动实际就是信息的基本活动）。同时，信息价值链往往分布于文献价值链和知识价值链的中间位置，起着中介和枢纽的作用。从信息的基本活动看，信息活动主要是通过信息种群以及信息种群中的信息人的连续行为而发生的。而这些行为表现在不同的信息节点上就可能使信息或信息产品、信息服务等出现其价值的变化，即增值或贬值；这种增值或贬值不仅受到信息种群自身的影响，而且也受信息外生态与信息内生态的间接与直接的影响；对信息种群而言，如果其自身素养较高，且来自信息内外生态正面的影响，那么在相应的节点上将会表现出增值的态势，反之则会出现贬值的状态；同时，基于不同节点上的信息种群的自身素养的差异，以及来自信息内外生态的正负面影响不同，那么对信息生态链整体来说，就需要从不同节点连接的整体状况来判断其价值变化的状况。由此可以充分说明，信息价值链就会嵌入信息生态链之中。这就体现了我们基于信息价值链来进一步研究信息生态链的初衷。

6.3　信息生态链模型构建

6.3.1　信息生态链研究界说

从国内外的研究状况看，人们不仅对相关的理论进行探讨，而且注重实证方面的分析。具体而言，国内学者在理论研究方面取得了一定的成就，国外学者在实证方面取得的成就更加令人注目。从理论方面讲，娄策群和周承聪认为信息生态链是信息生态系统中不同信息人之间信息流转的链式依存关系。[①] 信息生态链是存在于特定的信息生态中的、由多种要素构成的信息共享系统。信息生态链中包含了信息、信息人和信息环境这些构成信息生态的基本要素，是信息生态的集中体现。韩刚和覃正认为信息生态链应具有以下基本特征：①空间结构特征。信息生态链具有地域性，它一定是某一具体地点的客观存在；信息生态链由信息供应者、信息传递者、信息消费者和信息分解者四类信息主体构成。信息主体可以是个人、群体或组织，他们之间分工协作、相互依存，在不同的时间或地点可能出现角色的转换。②时序变动特征。信息生态链是信息流动和共享的平台，信息主体、信息流与信息环境之间存在动态的相互适应过程；持续的动态适应过程形成信息生态的平衡，最终导致信息生态链构成要素与系统环境要素的共同进化。③管理特征。管理的目标是实现信息共享和信息收益的最大化；与自然生态中的食物链不同，信息生态链可以设计，其具备的设计弹性将帮助信息生态链适应内外部的变化。[②]

国外的研究应关注特里·L. 冯塔登（Terry L. Von Thaden）和布赖恩·戴特（Brian Detlor）等，特里·L. 冯塔登在 *Building a foundation to study distributed information behaviour* 中指出威尔逊（2000）描述人类信息行为时，认为人类信息行为整体与信源和信道有关，包括主动和被动的信息查询及利用。马尔基奥尼（1995）认为人类以改变他们的知识状况的信息查询是一个有目的的过程。埃利斯（1989，1993）设计的供研究者使用的信息查询行为模式包括：开始、链接、浏览、鉴别、监测和提取。埃利斯的模式，是透过多变的形势和背景的信息行为模式的一个范例。它展现描述信息行为的要旨，暗含用户有一个信息需求和据此

---

① 娄策群，周承聪. 信息生态链中的信息流转. 情报理论与实践，2007，(6)：725-727.

② 韩刚，覃正. 信息生态链：一个理论框架. 情报理论与实践，2007，(1)：18-20，32.

执行一项利用资源并使需求得到满足的一个行动，而信息行为包含一个循环和对即将出现形势的判断。恩格斯特伦（1987，2000）依据维果茨基的三角模型构建一个调节关系的结构模型，将主体要素和调节工具客体要素的关系以图示说明，而这些关系以刺激和响应作为元素，来反映通过低的心理作用直接关联和通过高的心理作用间接关联情况下的信息行为关系。恩格斯特伦的工作同样是关于公众信息需求行为活动重现的一个典范，因为他同样包括规章、准则和角色、分工。这些元素能代表在连续行为方面的制度及工作实践等。威尔逊（2006）的行为理论的关键要素包括动机、目标、活动、工具、对象、结果、规则，以及公众和工作部门等，这些关键要素是直接适用于所有信息行为研究的具有引导性或引领作用的根本。[①]

另外，布赖恩·戴特在 *The influence of information ecology on e-commerce initiatives* 中探讨了一个组织的信息生态或内部的信息环境对企业的电子商务活动和计划的影响。为了具体研究该问题，作者以案例的方式从企业的门户网站入手，通过 20 个参与者对加拿大的一家大公司采用半结构化的访谈和实地观测的方式进行调查。结果发现，对电子商务活动和计划的影响从组织生态和组织内部环境看确实是多方面的。

因此，如果将个案的情况延伸到一般的电子商务领域，作者建议有必要建立一个民主的督导委员会，监察发展电子商贸方案，在公司的电子商务活动和计划的战略重要性功能的体现上，应该争取得到上层管理、市场和培训的组织工作等方面的支持。"通过调查研究，布赖恩·戴特认为，从信息生态的角度来看，电子商务活动表现出的包括"信息政策（information politics）、系统开发过程（the systems development process）及信息文化（information culture）"等方面的问题及突出的困难，可以通过和利用以下具体措施来解决：一是在信息政策方面，可以对电子商务内容通过政策、制度等实施控制和提出电子商务倡议进行引导；二是关于系统开发过程中出现的系统的维修保养等，可以通过健全信息开发与维护规章、准则加以解决，对用户的需求反应迟钝或无法响应等具体问题，则可以运用技术规范乃至行业自律来解决；三是信息文化方面所表现出的共享水平较为低下、信息超载和信息过度控制等问题，可以通过培养和建立组织文化确立正确的信息共享理念，建立信息发布制度、规范、合理使用准则等解决信息过载问题，提高组织的技术和信息内容及电子商务设计标准，解决组织内的信息过度控制问题，同时加强公众的信

[①] Von Thaden T L. Building a foundation to study distributed information behaviour. Information Research，2007，12（3）：312.

息素养的培养，提高社会信任度，以解决无障碍服务的实现问题等。通过上述一系列措施，真正实现电子商务活动的科学、规范、合理的开展①。在国外学者中值得提出的还有 J. S. 斯科特（J. S. Scott），他指出的信息生态的基本模型②见图6-5。

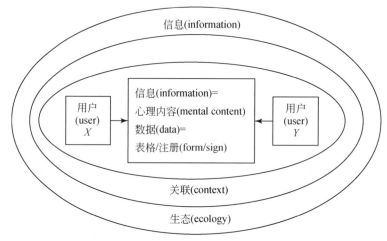

图6-5　J. S. 斯科特的信息生态的基本模型

斯科特提出的信息生态（information ecology）是在一个互动环境之下，用户和网络进行信息内容通信交流活动。通过上述阐述，说明无论是一般信息行为活动，还是特殊的电子商务实践的信息生态链都是以信息种群作为主体，以信息价值链为纽带，以及以信息环境为保障的。这为我们构建信息生态链提供了一个基本依据。

6.3.2　信息生态链构建依据

根据上述主要观点，结合协同学的基本思想，作者认为信息生态链中包含了信息种群、信息和信息内外生态等基本要素，而这些要素主要以信息种群为主体，以不同信息种群的活动为纽带，以信息的发掘、搜集、传播、利用与转化，尤其是以转化为宗旨的，以其内外生态为调控和保障的价值生态体系。这里之所

---

①　Detlor B. The influence of information ecology on e- commerce initiatives. Internet Research, 2001, 11 (4)：286-295.

②　Scott J S. Deconstructing software and web- based resources：practical guidelines for an educational information environment (software and web-based resources are information constructs, or architectures). A practical analysis of information architecture must consider a given information ecology encompassing a concrete context, users, and content. http：//eslking. com/about_ papers_ IA. html ［2009-12-13］.

以强调价值生态体系，是因为研究信息生态的根本目的就在于使社会产生更多有用的信息，且尽最大可能使这些信息能够通过一系列的处理活动在体现其本身价值的前提下充分实现其社会价值，因此转化就非常重要。而价值问题的体现尽管在不同领域有不同的阐述，但都是通过种群的主要活动和辅助活动来实现的。例如，在企业价值链理论中特别强调企业的基本活动和辅助活动，在其基本活动中包括生产经营、市场销售、服务，以及企业的内外部后勤活动等；而在辅助活动中包括企业基础设施、人力资源、技术研发和采购等。这两方面共同作用形成了企业利润获得的基本框架。基于价值链的思想，以信息种群为主体的信息价值链应该也表现其基本活动和辅助活动，基本活动应包括信息描述、信息组织、信息检索、信息传播与转化等，而基本活动的开展又必然需要必须的辅助活动，如信息技术基础设施、组织文化和信息资源等。具体到组织信息价值链方面，如何实现信息的效应最大化，则取决于信息生态链的完备程度。要判断信息生态链是否完备，研究的关键是信息组织者、信息传播者、信息消费者和信息分解者的价值理念、道德信念，以及信息共享的机制、产权约束与保障等问题①。因此，主要研究以下方面的问题，即信息生态链要素、结构及完备程度；信息生态链中要素或要素成分的变化可能对信息生态链产生的影响，从而构建可以调控和具有风险预防的信息生态链模式。

6.3.3 信息生态链模型构建

如何构建信息生态链，这是一个比较复杂的问题。这里既然是讲信息生态问题，就需要从信息种群、信息、信息内外生态入手，确定相关要素之间的关系，并从其依存度的紧密程度判断其内在的逻辑关系，据此构建信息生态链模型（图6-6）。

从图6-6中可以看出，所谓信息种群主要是指信息活动中的信息生产者、信息组织者、信息传播者和信息消费与转化者等。但需要引起注意的是：第一，通常研究中仅仅将这些概括为信息种群。我们认为这是有一定局限性的。因为在信息的内外生态中，可以看出，政策制定者、技术占有者、经济创造者、教育与文化塑造者，尤其是内生态中的信息政策制定者、信息技术占有者、信息经济创造者和信息教育与文化塑造者等也应该纳入信息种群的范畴。因为在这些主体中，严格地说既有单纯的角色，也有复合角色。例如，政策制定者貌似与信息种群没

---

① 韩刚，覃正. 信息生态链：一个理论框架. 理论与探索，2007，（1）：18-20，32.

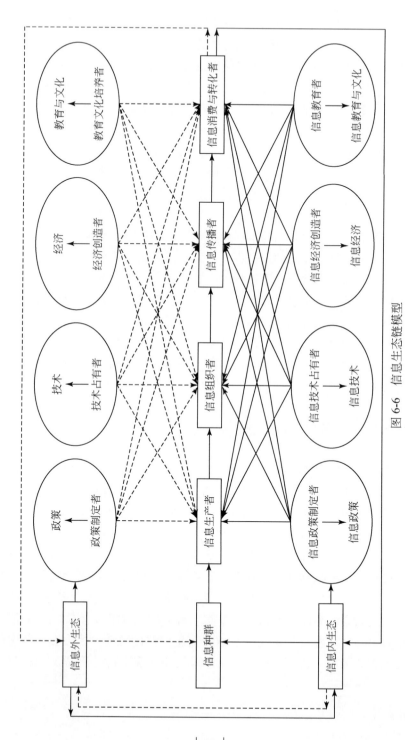

图 6-6 信息生态链模型

有什么内在的关系，而实际上政策制定者的观念、态度、价值观等对社会与经济发展方向及脉络会在政策中得以体现。在信息领域也是如此，因为在信息政策制定的过程中首先是要利用已有的信息对政策对象的定位和目标的确定提供支持，因此可以说其既有信息生产者角色，又有信息消费和转化的角色。再如，内生态中的主体实际上就是信息种群范畴的东西，如信息技术占有者既可能是信息技术开发者，也可能是信息技术使用者，无论是哪方面的，确实都归属信息种群。第二，我们构建的信息生态链是基于一个完整的信息生命周期来设计的，即信息是从生产到利用与转化这一个过程来判断的。如果再讲信息可持续发展问题，我们将会在协同演进中进行分析。

6.4　信息生态链结构分析

6.4.1　信息生态链节点关系

对于节点（node）的理解，不同学科的描述形式不同，如在"输电线路"中塔的若干部件的汇合点称节点。在"齿轮传动"中在一对相啮合的齿轮上，其两节圆的切点为节点。在"通信原理与基本技术"中的网络拓扑中，网络任何支路的终端或网络中两个或更多支路的互连公共点则为节点①。在社会网络中"社会网络是指由一系列社会关系联结在一起的节点的组合。节点可以是个人、组织，甚至是国家，个体间的关系可以是人际关系、交流渠道、商业交换或贸易往来。"为了判断社会网络，人们提出了密度、网络集中度、联结强度、路径长度。密度是社会网络图中实际拥有的联结数与最多可能拥有的联结数之比，能够衡量社会网络中各节点之间联系的紧密程度。网络集中度是指一个网络中的联结集中于一个或者几个节点的程度，可以衡量特定节点所凝聚的联结数量。联结强度是衡量点与点之间联结紧密程度的重要指标，联结的强弱可以通过"在某一联结上所花的时间、情感、投入程度及互惠性服务等的综合"来加以测量（Granovetter，1973）。路径长度是指从一个节点开始，不经过重复的点和线达到终点所经过路程的长度。网络的特征路径长度（characteristic path length，CPL）是衡量网络中路径长度的参数，路径长度决定了信息和知识的传递速度和难易程度，因此它可以用来衡量网络的效率。单个节点的平均路径长度等于该节点到网

① http://baike.baidu.com/view/47398.htm.［2010-07-30］

络中其他节点路径长度的平均值，而整个网络的 CPL 等于网络中所有节点平均路径长度的中值。[1] 赵云合等认为，信息生产者是信息生态链上的第一个节点，只有信息生产者生产出信息，信息流转才有"原料"；信息传播者是信息生态链上的第二个节点，为信息流转提供通道，是连接信息生产者和信息消费者的纽带；信息消费者是信息生态链上的第三个节点。[2] 从信息生态链模型可以看出，如果从信息种群活动的角度看，其节点应该是信息生产者为第一节点，而信息转化与消费者为最后一个节点。但是从信息的内外生态看，就信息运动的任何一个过程，都要受到内外生态的制约和影响。因此可以认为，在信息生态链模型中所形成的节点应该是社会网络层面上节点的内涵，从对节点的基本描述中我们可以这样理解，从结构力学的角度讲节点应该是一般处于铰链状态、受力较大，且具有一定凝聚功能的联结点。从信息生态链模型可以看出，其主要包括三个基本的组元，即信息种群、信息外生态和信息内生态。在三个组元中，以信息种群的信息运动为纽带，以信息内生态为主要支持，以信息外生态为指导的复杂系统。从信息种群及其活动所受到的影响看，来自内生态的要素影响是直接的，来自外生态要素的影响则是间接的。就信息的内外生态、信息种群等影响关系而言，外生态将直接作用于内生态，信息内生态则会直接影响和作用于信息种群及行为、信息运动的不同节点。

6.4.2　信息生态链污染

从传播学角度讲就是信宿，是信息流转的终点，同时也是下一个信息循环的起点。信息生态链的功能实质是信息流转，而这种流转是双向性的，即在信息生态链上，既有正向的信息流动和转化，又有反向的信息反馈。如果三个节点之间不能形成完整的信息流转，信息生态链就有可能处于瘫痪状态，甚至解体，信息生态系统的平衡就无从谈起。[3] 需要强调的是正向的信息流转和转化与反向的信息反馈内涵是不同的。首先，前者是指对原信息的内涵本质的流转过程，后者则只是对信息在流转过程中的信息量的变化、信息价值的增减和信息利用效果的反

---

① 陈艳莹，周娟. 经济学视角的社会网络研究述评. http://qkzz. net/article/af558f12-6835-443d-a35c-dfa684ab92d6. htm［2010-07-30］.

② 赵云合，娄策群，齐芬. 信息生态系统的平衡机制. 图书情报工作，2009，(18)：22-25.

③ Choo C W, Detlor B, Turnbull D. Information seeking and knowledge work on the World Wide Web. Kluwer Academic Publishers, 2000.

馈；其次，如果仅从方式上看貌似相同，但本质是不同的，因为正向流转和反馈的目标指向也是不同的，前者指向信息用户，而后者明显指向管理者等；再次，程序也有所不同，如信息正向流转是要在其运动链中逐步实现的，生产、存储、处理、传播、利用、吸收到转化，而反馈从末端可以直接流向管理者等，且不一定实现转化。在信息生态链中的信息流转过程是否顺畅，除信息生态链的完备程度之外，往往是由信息污染的程度来决定的，因此有必要对信息污染问题进行分析。因为任何信息生态链上的节点受到污染都将可能导致信息生态链失衡或断裂。

首先，从信息污染整体的角度看，拉斐尔·卡普洛（Rafael Capurro）认为"信息污染将会造成信息平衡的负面影响，从一些信息污染的实例看：错误的（或过时）的数据，在使用的硬件中不兼容的系统和语言，处理系统被黑客、病毒等攻击，认识的偏差及缺乏责任的软件供应商"等是造成信息污染的重要因素。而信息平衡意味着信息的再利用（reuse）、再循环（recycling）。如果信息平衡受到污染，那么社会发展的依赖必将受到挑战和冲击，因为信息是一种人为的资源，它是基本的社会依赖，因此特别应该考虑其社会维度。正如其他物品根据它的"交换价值"处理信息，但并不意味应忘记它的社会维度[1]。对于信息污染问题的研究，理论界已经提出了诸多观点以及相关的治理措施。归纳起来，造成信息污染的主要原因应该是信息超载、信息垄断、信息侵犯、网络安全等。从这些原因的本质看，它们对信息污染的结果或目的是一致的，均为干扰信息价值的实现、影响信息共享，最终可能造成信息贬值和信息效用最大化难以实现。经过仔细研究会发现，尽管这些因素都是造成信息污染的因素，但是各自形成污染的表现形式则是不同的。例如，由于信息超载，使得信息在其生态链中的从输入到输出在不同的节点将会出现信息拥塞现象，由于不断的信息拥塞，使得信息本身由于时间的滞后使其价值在逐渐降低，由于信息渠道的不畅，从而使不同信息混杂，影响信息种群的信息判断和识别力；由于信息垄断，致使信息不对称现象更加严重，而这种不对称将会导致信息用户的判断失真，造成决策和使用失误；由于信息侵犯，从形式上扰乱了信息活动的正常秩序，使信息生态各个节点都会受到影响；网络安全中的信息辨识、分析、过滤、预警等措施是防止信息污染的重要环节，否则信息污染将会快速蔓延，导致信息生态链断裂。

其次，从信息污染的形式上看，"信息污染的表现形式为：信息超载、污秽

---

[1] Capurro R. Towards an information ecology. //Wormell I. Information quality. definitions and dimensions. London：Taylor Graham，1990：122-139.

信息、盗版信息、虚假信息、失真信息、过时信息。网络环境下的信息污染只是信息污染智能化与技术化的一种表现形式，引起了广泛的重视。其主要表现形式为：信息超载、信息垃圾、信息污垢、信息病毒等。"①

再次，从这些污染的本质、路径看，刘建明在《信息污染及其防治》一文中提出了"信息源的污染、信息传播渠道的污染、信息受体判断的污染"② 不同领域的表现是不同的，如在通信领域的污染主要表现为信息失真，从而使信息的不确定性大大增加，主要表现为监听、窃取、篡改、干扰和噪声等，主要节点在信息传播领域的信息传播渠道上。例如，在信息生产领域，则主要表现在信息元（虚假数据、模型、符号等）的污染、信息成分的污染、信息生产要素的污染等。由于构成信息的信息元受到污染，那么信息成分必然会有假、虚等现象。在这种情况下，信息又作为基本的生产要素之一，因此必然影响到信息生产要素。于是，信息生产要素受到污染，而生产出的新的信息或信息产品必然有基因上的先天性的缺陷；在信息组织领域，其污染主要表现在对信息认识和理解偏差造成的污染、信息组织的不严谨的污染、信息组织标准的不统一污染等。由此产生的结果可能表现在两个方面，即在信息组织过程中，或因信息种群尤其信息人个体的信息素养对信息理解出现偏差，或因信息组织的不到位，致使信息资源体系出现漏洞。由于信息组织标准缺乏统一性，使得信息在整序过程中出现体系不一致的现象，结果必然会对信息传播造成很多困难，对信息接收利用和转化产生不可估量的负面影响。在信息消费和转化领域，主要表现为对信息可信度、可操作、真实价值等的认识与判断。由于信息不对称，这方面的污染主要是由于信息消费和转化者信息的不对称或个体的信息素养造成的认识偏差，产生误用、错用、漏用等现象最终难以实现转化。

最后，从污染防控的角度看，信息工程领域早就在信息编码研究中提出一些基本模式，如在信息加密过程中，如图6-7所示。

由图6-7可以看出，从信息传播链来看，信息通过信息种群或信息人从信源通过信道到信宿，主要的威胁来自信息传播渠道，往往其污染的方式有监听、篡改或窃取等。因此，就需要在信息进入渠道之前对其进行加密，保障信息在通过信道时是比较安全的，待用户在接受信息时，再进行解密，从而保障信息的接收和利用质量。但需要说明的是，这仅仅是基于传播渠道信息污染防范措施之一。

---

① 陈业奎. 信息污染理论研究探讨. 情报理论与实践, 2000, (2): 94-96.
② 刘建明. 信息污染及其防治. 情报杂志, 1991, (2): 51-53.

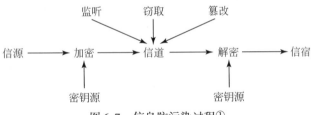

图6-7　信息防污染过程①

然而，相对于整体意义上的信息生态链而言，如何防止信息污染仍然是我们需要关注和不断研究的问题。因为信息污染已经成为影响社会发展的重要问题之一，已经引起国际社会的焦虑。因此不少国家已经采取了相应的防范措施，如新加坡调查电视过激暴力场面委员会的设立、加拿大广播电视和通信委员会（CRTC）在1993年10月通过了"反暴力法"，以及马来西亚新闻部则要求禁播有暴力的节目。1988年5月英国设立广播标准委员会（BSC），负责监督媒介中的暴力描写、性表现及品位等问题。1996年8月巴西司法部和巴西电视台成立了专门机构审查电视节目，以减少荧屏上的暴力和色情镜头。澳大利亚已经开始采取对策限制电视、视频游戏中的暴力描写和性描写。就连美国这样的音像制品的输出大国也制定了相关法律，开始对暴力镜头进行削减。正如最近兴起的"信息环保主义"，华盛顿大学信息学院教授戴维·利维（David Levy）说："我们乐于把这视为新一类的信息环保主义，乐于讨论我们的经历和注意力遭受的污染。"美国的信息环保主义者认为，信息时代的首要污染物，已不是向空气中排放毒素的化学品制造商，也不是砍伐原始森林的木材集团，更不是把湿地开发成购物广场的地产商，而是来自媒介、客户、同事和广告商的大量无用信息。它们为了获得你的注意力展开无情争夺。

在具体的防控方面，理论界也做了不少研究工作，如周淑云（2009）认为信息社会面临的一个重要社会问题就是信息污染。信息污染主要表现为信息超载、信息垃圾和计算机病毒等方面。信息污染妨碍信息使用者对真实、正确信息的及时获取和利用，严重干扰国家的信息化建设，阻碍信息市场的有序健康发展。对于信息污染，必须严格加以控制和治理，控制信息污染，主要从信息技术、制度规范和用户防范几方面入手。夏日（2009）针对目前信息生态环境的逐步恶化，分析了信息污染测度指标体系建立的基本思路、设计原则、构建方法。通过确定1个目标层、4个控制层和20个具体指标，探讨构建一个系统完

---

① 裴成发. 信息分析. 西安：西安出版社，2002.

整、逻辑清晰、层次分明的信息污染测度指标体系。① 该作者在其指标体系中，将控制层分为 4 种类型，包括"实物型、文献型、网络型和电子型"，既涉及讨论会、发布会和展览会，又涉及文献的抄袭、参引、出版等；既涉及网络的网站和信息发布等，又涉及广播电视及电子刊物的污染问题。实际上涉及整体的信息生态污染问题，既包括生产者也包括传播者等。而孙天敏（2004）主要"从信息生产、传播和利用三个环节分析了信息污染的原因，并从信息立法、市场管理、信息技术、国际合作与交流等方面提出了控制信息异化的措施。"②

6.4.3　信息生态链综合治理

要研究信息生态链的综合治理问题，我们认为首先应该找到研究的切入点。从以上的研究分析可以看出，处于信息生态链中的信息种群的一系列活动，都是从信息的输入到信息的输出实现信息价值的基本过程，而信息价值体现的程度如何，则是以信息生态链中的信息节点和信息渠道构成的复杂系统为条件，而以其中的信息为主要内容，同时以信息流动的流量、流动方向、流速等作为判断依据。有理由认为，信息流量与信道容量（这里主要指信息生态链）的适配度、信息流速与信息生命周期时差度、信息流动方向与其节点接收和分解的适配度等是判断信息生态链综合治理的基本依据。鉴于此，有必要对信息流问题进行讨论。

1. 基于信息流的节点结构研究

从诸多的研究成果看，国外关于信息流的研究主要集中于以下几个方面：

一是不同学科对信息流的研究，最早对信息流的研究主要集中于自然科学领域中的物理学方面，如斯瑞坎斯（R. Srikanth）（2002）在《由纠缠系统中控制干扰引起的信息流》中主要就量子理论进行试验性探索，探讨了在不完整基础下对控制量子干涉测量与经典信息的非局部转移是否相一致。这样一般意义上的测量是否可以在量子理论中推广。而安德鲁·惠特克（Andrew Whitaker）主要研究在信息流动背景下的量子传输，并对长期"参数依赖"进行了讨论。亚历山德罗·巴尼奥（Alessandro Bagno）和贾科莫·萨耶利（Giacomo Saielli）于 2007 年在《计算核磁共振光谱：扭转信息流》中计算核磁共振（nuclear

---

① 夏日. 信息污染测度指标体系的构建研究. 情报理论与实践，2009，(11)：42-45.
② 孙天敏. 信息污染及其控制. 医学信息，2004，(3)：160-161.

magnetic resonance，NMR）光谱，研究在不同情况下的信息流的扭转来分析从化学位移和自旋偶合常量。卡莫夫斯基（M. J. Kamifiski）和布罗诺夫斯基（K. J. Bfinowska）于 1991 年在《描述脑结构信息流的一种新方法》介绍了对大脑行为流方向和频率分析的测定方法，并进行仿真实验，明确地揭示了方向的信号流，并能区分直接和间接转移信息。

二是对多元聚合的信息流的探索。例如，迈克尔·艾克勒（Michael Eichler）从多元时间序列中对信息流动组成部分的衡量，利帕托夫（YU. S. Lipatov）和蒂尼森科（L. V. Denisenko）于 1987 年在《多成分聚合物系统子域中的信息流及发展趋势》中以法学为案例进行信息流聚合体要素、类型和聚合信息流方面的探讨。

三是信息流的研究不断向社会科学领域、管理领域延伸。例如，Lili Du 和萨蒂什·亚科萨里（Satish Ukkusuri）在《交通相对移动改善了交通网络中的信息流方式》中通过交通信息流量、相邻道路间的相对速度等要素对载体机动网络（VANET）发展进行拟合化研究。J. 阿伦·科汉（John Alan Cohan）于 2002 年在《我不知道，只是做我的事情：企业管理已经失去控制了吗》中以安然事件为例，从该公司失败的知识条件看包括认知不和谐、缺乏毅力、存在偏见、实体的作用、动机推理、团体凝聚力或"群体"虚假的共识等，基于此，从信息流的角度研究信息冲突所导致的结果。A. 彭特兰（A. Pentland）于 2004 年在《学习社区——理解人际网络中的信息流》中基于动力学对人际网络信息流进行分析，以期研究学习型组织中群体信息流对人际网络的影响。林恩·鲍曼（Lynn Bowman）和罗伯特·韦尔斯（Robert Wears）在《危机管理中的信息流》中，利用多元信息流的研究方法，以一个县级区域的危机管理为样本，对该样本中政府、消防、医院、警察等部门在危机管理中的协作支持程度进行探究。C. Ou-Yang 和 T. A. Jiang 于 2002 年在《开发一个支持 PDM 与 MRP 之间信息流的集成网络》中试图开发一个集成框架，以支持信息流之间融合的应用产品数据管理（PDM）和制造资源规划（MRP），主要是一个三级结构，包括发展模式、模型分析，以及系统的实施开发。而想通过概念语义相似度找到"共同"的对象，这些对象被用作缓冲区信息集成，以支持 PDM 与 MRP 之间的信息流动。

国内在信息流研究方面首先也是集中于自然科学领域，如王宁等于 2007 年在《面向协同工作的信息流模型研究》中，主要针对信息流的不同流动方式进行多元聚合信息流的研究，从而实现如何协同。于淼和王延章的《公文流转过程中活动的分解和管理》，就公文这种专门信息在其流动过程中如何实现智能化管理提出较有见地的观点。卞亦文和王有森于 2008 年在《供应链信息流的操作模型》着重探讨了一种新的信息流运作模式，即集成式信息流运作模式，并分析了集成式信息流运作模式的运行机制和优势，提出其物理构建方法。刘冰的《基于动态竞争视角的竞争情报价值链信息流研究》以竞争情报价值链为基础，从微观层面分析动态环境中竞争情报价值链信息流的形态与特点，构建基于动态竞争视角的竞争情报信息流运行模式与运行机制模型，以期揭示信息流在竞争情报价值创造中的作用机理，从而对竞争情报价值链进行有效管理，提升竞争情报的贡献度。李亚安等于 2004 年在《非线性时间序列的信息流研究》基于 Takens 定理的相空间重构，为利用时间序列分析研究非线性动力系统提供了理论基础，相空间重构不仅给出了用于分析的动态模型，而且揭示了存在于状态变量之间的信息流。因此，该文重点以 Lorenz 模型为例，通过相空间重构，验证了存在于 Lorenz 模型各状态变量之间的信息流，提出了利用信息流概念进行虚拟测量的方法。

从上述信息运动生态链模型并结合国内外关于信息流的研究成果可以看出，无论是信息运动种群活动链，还是信息内外生态链他们之间的关系是非常复杂的。就一个具体的不同节点的结构来说，其往往具有多元聚合信息的特征，如线性聚合、随机聚合、接枝聚合等。在不同的聚合体中其信息流的方式、流向以及聚合与辐射是不同的。在线性聚合结构中，信息是以单维按照一定顺序依次连接的。例如，在信息种群活动的过程中（就单维而言），信息生产—信息组织—信息传播。仅看信息组织节点，前提是只有生产者生产出信息或信息产品，才能开始对信息进行组织，只有对信息进行组织之后才能进入传播过程。换句话说，无序的信息是难以传播的。就此节点（信息组织）而言，前项与后项之间是靠它作为桥梁的。这时的信息流动就表现出单体连接模式，应该属于线性聚合状态。例如，信息生产者节点上，信息生产者是信息生产的主体，而要生产信息或信息产品首先必须有生产要素，即生产信息和产品的基本原料，包括已有信息、已有产品、已有生产设施、生产平台、生产技术、生产规划、生产目标，乃至所生产出来的信息和产品的市场预期和效益预估等。于是我们不难发现，仅此一个节点，在生产活动开始之前和生产过程中，作为生产主体的信息生产者首先要通过接收大量的信息进行生产准备，而所将要接收的信息往往又来自不同的渠道和不同的方向等。

一般情况下，判断信息生态链的节点结构可以从社会网络分析中的相关方法入手。例如，从点度中心度（degree centrality）角度讲，所谓点度是指与该节点直接连接的个数，如果在有向或矢量中是指节点输入度与输出度之和，在社会网络分析中对点度中心度的研究主要考察人与社会的交往能力，而在信息生态链节点中则主要研究信息种群或信息人与信息生态的交流能力。从中间中心度（betweenness centrality）的角度讲，它是指一个中间节点相对于一个点对的捷径（往往捷径不止一个中心节点）上的能力，其判断方法主要依据通过该节点的点对与该点对其他捷径总和之比。例如，前面提到的信息组织节点相对于信息生产和信息传播这样一个点对来说，它处于中间环节，它的能力如何在一定程度上决定和影响前后项功能和作用的延续与拓展。这种捷径能力越强，说明该节点对信息流动的作用更大。如果将这几个节点分别用 P（生产）、O（组织）、C（传播）表示，那么假设有 n 个捷径节点，O 为 n 个捷径节点中的第 i 个。设 O_{PC} 为信息点对 P、C 通过 i 点捷径的路径数，n_{PC} 为信息点对 P、C 间存在的所有捷径的路径数，且 $P<C$（从方向上前项小于后向），那么信息中间中心度（O_i）可表示为

$$O_i = \sum_{P=1}^{n} \sum_{C=1,\ P<i<C}^{n} \frac{O_{PC}}{n_{PC}} \tag{6-1}$$

通常情况下，O_{PC}/n_{PC} 的比值越大，说明节点 O 的中间中心度越高，说明他（某信息种群或某信息人）的信息社会的活动能力越强，或者是对信息流动的影响更大，反之则越小。

2. 信息生态链结构优化

由于人们认识水平的不同和理解上的差异，往往对事物结构的内在特性和外在表现的认识存在一定的局限性和片面性。因此，为使信息或事物的结构真正能够反映它们的本质，真正发挥事物的潜在功能，我们必须对其结构进行优化。在对其优化的过程中要注意几个原则，即反映本质原则、科学性原则、适应性原则和协调性原则。从优化的途径来说，就是优化信息的要素成分、优化要素关系、优化结构框架和优化结构环境（裴成发，2000）。具体到信息生态链，就是优化信息生态链的要素，包括信息种群活动要素和环境要素；优化信息生态链的要素关系，即信息种群活动关系，信息种群活动与内外生态的关系等；优化信息生态链结构框架，如在信息生态链中的不同节点所处的地位作用的不同构成了不同的生态链基本框架，那么这些节点之间的连接度（包括强连接和弱连接）的适配度如何是优化过程中应该重点考虑的问题，这里所说的适配度主要是看节点之间的结构是否完善、互动性强弱，以及所有节点连接系统的协调功能的优劣等。最后是从整体上优化信息生态链的环境结构，如在人才生态链中是模仿自然生态系统中的生产者、消费者和分解者，以人才价值（知识、技能、劳动成果、经验、教训等）为纽带形成的具有工作衔接关系的人才梯队。按照食物链的分析方法，

可将人才生态系统中的各种要素分成两大类：第一类是人才生态链，是指人才生态系统中的各人才种群，按照生产者、消费者和分解者的关系分别处于人才链条的不同节点上，并按照食物链的运作规律进行价值（知识、技能、劳动成果、经验、教训等）的传递；第二类是与人才生态链相配套的支持服务链，包括政府、企业、人才市场、培养机构等。这些因素将从政策、环境、市场和服务的角度来影响人才生态链的构建和运行。由此可以看出，如果要对人才生态链进行优化，那么就需要关注以下问题：一是对人才生态链中不同层次的人才结构及价值体现方式进行优化；二是对支持服务链中的环境因素进行优化，如政府、企业、人才市场、培养机构等进行优化；三是再对人才生态链和支持服务链的子系统之间的节点关系进行优化。从对信息生态链优化的目的上看，必须满足结构完善、功效强大、价值共享的要求。[①]

总之，信息生态链是以信息种群为主体，以信息价值链为纽带，以信息运动链为核心，以信息内生态链为直接保障和以信息外生态链为间接保障的信息生态系统。在研究信息运动生态链时既要关注信息生态链的基本要素，又要关注信息生态链中的不同节点，更要关注信息生态链中的主要节点关系。这样便于我们在具体的信息生态链的探讨中以便发现问题，并及时进行调整和优化信息生态链结构体系，从而使信息活动处于良好的氛围中。

---

① 娄策群，常微，徐黎思. 信息生态链优化的准则探析. 情报科学，2010，（10）：1441-1445.

|第 7 章| 协同模式构建及评价

本章主要基于协同学的基本思想，从信息运动的角度出发，对信息运动特征进行阐述，在此基础上对信息生态要素与系统、信息生态协同等问题进行揭示，着重对信息运动生态系统模型、协同模型构建进行重点描述，对信息运动生态要素、子系统之间的协同演进效果的判断提出基本想法，并指出对信息生态进行协同演进分析时应该注意的问题。

7.1 问题的提出

协同学理论源于现代物理学和非平衡统计物理学，是一门研究完全不同的学科中存在的共同本质特征的横断科学，也可称为非平衡系统的自组织理论。在研究信息运动生态演进问题时，之所以需要基于协同学，是因为协同学的内涵主要强调子系统、序参量及自组织。所谓子系统指将研究的对象称为系统，而将组成系统的下一层次称为子系统。序参量是系统相变前后所发生的质的飞跃的最突出标志，俄国数学家、物理学家朗道（L. D. Landau）认为，表征全局序这一变化的适宜宏观变量可被命名为"序参量"（order parameter）①。而自组织是在没有外界因素的驱使下，开放式（与环境有物质、能量和信息交换的）系统在其子系统或元素间竞争—合作机制作用下，自发出现新的宏观（整体）有序结构—时间、空间或功能的现象。可见自组织理论是协同学的核心理论②。因为信息运动生态是由信息生产者与信息消费者、信息组织者与信息传播者在与信息内外生态的作用和影响下共同构成的信息主体循环系统。例如，卡伦·S. 贝克和杰弗

---

① 克劳斯·迈因策尔. 哈肯、协同学与复杂性. 斯平译. http://www.implight.net/node/3863［2009-07-12］.

② 蒋国瑞，杨晓燕，赵书良. 基于协同学的 Multi-Agent 合作系统研究. 计算机应用研究，2007，（5）.

里·C. 鲍克提出的信息生态系统构成（information ecology components）中由项目、团体和合作构成一个复杂系统[1]。在这样一个复杂系统中，研究协同难度很大，因此既要有协同学的思想做指导，又要以哲学做理论基础，如协同学创始人赫尔曼·哈肯（Hermann Haken）和海伦娜·克尼亚泽夫（Helena Knyazeva）指出："谈到协同本身非常接近传统的哲学问题。例如，什么是新的？时间是什么？之间有什么潜在的和实际的连接？什么是全面？什么是关系到地方的整体利益？什么是一个复杂的进化乃至整体上的复杂的结构建设的规律?"[2] 揭示这些问题的基本出发点就是在于确立协同的基本观念或称协同世界观。

信息运动生态系统属于社会系统范畴，是由不同学科、不同组织、不同部门组成的复杂开放系统。在这样一个庞大的体系中，究竟如何实现协同演进？且如何进行判断，都不是利用任何一个单独的学科理论可以完成的。从生态学的角度看，协同表现为平衡，生态平衡是指在一定的时间和相对稳定的条件下，生态系统内各部分（生物、环境和人）的结构和功能处于相互适应与协调的动态平衡。信息生态平衡是指信息生态系统中信息人种类和数量等合理匹配、信息生态环境因子相互协调、信息人与信息生态环境高度适应、整个系统的信息流转畅通高效的相对稳定状态。在信息生态系统与外部环境的作用中，如果信息生态系统中的某些因子有较大的改变，打破了暂时的稳定，而其他生态因子也将会逐渐发生变化与已有较大改变的生态因子适应，又会达到新的稳定状态[3]。

研究协同进化的目的在于信息生态稳定与发展，使其要素、子系统乃至系统整体处于一个良性的可持续发展状态，实现其效应最大化。而无论从信息生态要素所形成的以信息场、信息种群为主体的信息生态位，还是从由不同链条构成的信息生态链的角度，要判断其要素的完备性、功能与地位的可变性、节点的互动协调性等，都不是利用任何一个单独的学科理论可以完成的。可见要解决信息运动生态的协同发展与演进问题，确实有必要借鉴协同学的基本理论与方法。

---

① Baker K S, Bowker G C. Information ecology: open system environment for data, memories, and knowing. J Intell Inf Syst, 2007, (29): 127-144.

② Haken H K H. Arbitrariness in nature: synergetics and evolutionary laws of prohibition. Journal for General Philosophy of Science, 2000, 31: 57-73.

③ 娄策群, 赵桂芹. 信息生态平衡及其在构建和谐社会中的作用. 情报科学, 2006, (11): 1606-1610.

7.2　信息运动特性

7.2.1　不同领域信息运动的表现形式

众所周知，信息运动具有普遍性。在不同领域，其运动的表现形式各有侧重。

从微观的角度看，如生命现象中的信息运动，包括人在内的任何生物都是依靠信息运动进行严格有序的新陈代谢过程而维持生命的持续。1962 年诺贝尔生物或医学奖授予英国的弗朗西斯·克里克（Francis Crick）、美国的詹姆斯·沃森（James Watson）和有英国及新西兰双重国籍的莫里休斯·威尔金斯（Marurice Wilkins），以奖励他们在核酸分子结构方面的发现及其在生物体的信息传递中的意义[1]。另外，现在已经知道一个基因是 DNA 分子链上的一个区段，其平均尺寸包含约 1000 个碱基，对应地可能有 41 000 种不同的排列顺序相当于 2000 比特的信息量，如此巨大的信息量足以说明 DNA 结构有充分的多样性。[2] 这说明生命现象是核酸分子作用与协同的结果。

从中观的角度看，如工业生产中的信息运动，过去人们在研究工业生产中的生产线时，往往强调生产要素和要素之间的关联，也就是说这些关联如果比较好，似乎就会像现在有些产品达到自动生产线一端投放原料，而该终端就是包装好的成品。然而，在生产过程或者说在实现全封闭式自动加工生产过程中，正是主要依靠各个环节间的信息运动维持其持续正常运行的，如在整个生产过程中加工和检测评估等要求和操作程序都是作为信息存储在这一产品加工系统之中的，通过信息的传递、接收、存储、提取和处理等信息运动实现这一自动化生产过程。就信息运动而论，两个产品加工环节构成了一个由信源、信宿和信道组成的子信息系统，这些子系统由一个中央控制系统通过和这些子系统之间的信息运动使得产品加工得以顺畅进行。企业信息运动，是以嵌入在企业结构之中的企业信息结构为基础条件的，而企业的信息结构应是全方位的对企业业务的反映，这种业务反映不只包含业务记录，还应包含业务的整合、团队的协作，对环境的感知

---

① 乔立恭. 信息化教育基础——自构建学习理论. http：//www. jeast. net/magazine/ebook/contents/01/03. htm［2009-10-27］.

② 向义和. 大学物理导论（上册）. 北京：清华大学出版社，1999.

和适应性。邹晓泉在《企业的信息结构：信息流三个层次做保证》中提出企业信息结构中的三个层次的信息流及其关系。在业务层（基础层）主要包括业务事件传递，要实现其传递则又包含两项主要活动，即业务活动管理和业务活动调度；经营活动层（中间层）包括策略监控（价格管理、信用管理等）和业务监控（业务执行结果监控、业务执行状态监控和业务执行状态警告）；战略规划层包括企业经营策略和业务绩效考核①。这些层面上各自功能的实现主要依靠信息运动来实现。企业危机管理，"企业进入危机阶段，需要确认危机并且做出反应，进而采取应对行动，启动危机预警和预控阶段指定的预案，根据实际情况确定具体对策措施并加以执行。在这个过程中必须高度关注企业危机反应的网络信息流动渠道和动向。"②

关于信息运动的理论与模型在诸多成果均有体现，如陈伟的关于安全教育信息运动模型认为，安全教育计划要阶段性地进行，要在员工中形成一个坚持不懈的氛围，教育的形式既要生动有趣，又要紧凑有效。组织可以考虑采用美国国家标准与技术研究院提出的信息安全学习模型来设计安全教育计划，这是一个基于角色与职责的、框架式的安全教育模型。这个模型适应于分布式计算环境下的安全教育，并能适应未来技术的不断发展与风险管理决策的要求③。从模型中可以看出安全教育的信息流动是从底向上流动。在最底层，所有员工，包括管理人员、普通职员以及有业务关系的合作伙伴，都要求接受安全意识的教育，因为他们的安全教育，使他们具有较深的专业知识与较宽的技术视野，以及处理复杂安全问题的能力，并能跟上信息安全技术的发展步伐。尤其是在知识信息领域信息运动表现的更加强烈，如在广告领域，产品广告信息运动的恶性循环是指产品广告信息不能按计划抵达顾客；或者当企业发出的信息抵达顾客后，不能引起强烈的反响，甚至使顾客产生厌恶接受的心理，导致企业广告信息传递目的的失败④。网络信息运动，"在网络环境中，信源运动至信宿过程中受到的干扰因素主要有网络信息政策、信息污染、网络技术和网络安全等。"⑤ 而知识创新过程中的信

---

① 邹晓泉. 企业的信息结构：信息流三个层次做保证. http：//www. amteam. org/k/ITSP/2002 - 12/456089. html［2009-10-27］.

② 中国铸压网. 如何做好危机信息的企业管理. http：//www. yzw. cc/info/detail/25 - 6121. html［2009-08-15］.

③ 陈伟. 人力防火墙管理系列之二：让防火墙永驻人心. http：//industry. ccidnet. com/art/28/20040323/97633_ 1. html［2009-11-13］.

④ 王维，张春波. 论产品广告信息运动恶性与良性循环. 佳木斯工程学院学报，1998，（2）：257-259.

⑤ 李玉琼. 论网络信息运动过程中的干扰因素. 中华医学图书馆杂志（双月刊），2000，（3）：17-18.

息运动主要包括启动阶段——选择、实施阶段——协调、检验阶段——反馈。可见一个行业、一个领域的信息运动，既有方向性，又有层级性。

从宏观的角度看，社会发展、国家战略等重大问题的决策、目标建立和政策实施等同样都体现着基本的信息运动。例如，国家中长期社会与经济发展战略的制定，首先是需要历史、国际、国家现实等方面信息的大量发掘和筛选，在此基础上对信息进行处理，形成基本信息存储、分类和具体应用，每个过程均是由大量的信息运动才得以实现。

从上述一系列的研究成果可以看出，在不同的领域信息都是运动的，无论是生产、组织、传播和应用都非常明确地体现了信息运动的普遍性。

7.2.2　信息运动的基本特性

既然信息是运动的，且运动是信息的基本特性，那么信息运动基本特性的内涵又如何体现呢？

从历史角度反观，徐金法认为"信息大交流的历史以不容辩驳的事实证明，文献信息的传播与应用是社会高速发展的动力。由古及今，凡社会、国家、民族的发展与强大无不与信息交流密切相关。"①

从信息运动范式的角度看，毛鸿鹏认为"信息运动范式是研究经济信息学的一种范式。它是通过经济信息的流通过程，即产生、存储、传播、利用和反馈来研究经济信息的规律和流通过程中所产生的问题。例如，经济信息的主体、存储媒介、流通通道、经济信息的法律环境与社会环境以及经济信息的组织和利用效用等。"② 可以看出不同领域的信息运动范式都是基于信息运动链来展开的。

从信息运动的目的及意义上看，有目的性的运动包括：信息的产生、显示、构建、传输、接收和处理、创生等环节。它从信源开始，经过信道到达信宿，根据需要还可以反馈到信源，形成一个完整的信息运行系统，表现出系统性、协同性等特征。信息运动作为一种普遍存在的客观现象，具有速度、容量、距离、形式、协同、精确等属性。信息约束可以分为信息不充分约束、信息不对称约束、

---

① 徐金法. 信息运动与社会进步——人类四次信息大交流影响述论. 周口师范高等专科学校学报，2000，（5）：94-97.

② 毛鸿鹏. 信息运动范式与贸易壁垒中的标准情报. 辽宁经济，2006，（6）：27.

信息不规范约束、信息运动不协同四种。① 既包括信息主体，如信息生产者、信息组织者、信息传播者和信息转化者的运动，又包括信息价值链，如信息量、信息质的变化，还包括信息内外生态环境，如政策——信息政策、技术——信息技术、文化——信息文化、经济——信息经济、素养——信息素养等的变化。这些变化具体表现在信息主体地位的变化、信息价值增值的变化以及内外生态信息场的不断变化等。

从信息运动的表现形式上看，既有一般符号、数字、文字，又有编码符号和编码信号的运动。信息运动方式既包括直接运动、间接运动，又包括网络运动。如果再从模型上看还包括纵、横和斜面模型，② 斜面模型又可称为梯度模型。

从信息运动的内容上看，既有微观的信息运动，又有中观、宏观的信息运动。在微观领域，如生命现象中的信息运动，任何生物都是依靠信息运动进行严格有序的新陈代谢过程而维持生命的持续。正如前面提及的 1962 年诺贝尔生物或医学奖所"奖励他们在核酸分子结构方面的发现及其在生物体的信息传递中的意义"③，说明微观信息运动涉及内容相当丰富，如原子信息运动、分子信息运动、粒子信息运动、DNA 分子链上的信息运动等。在中观的信息运动方面，如企业活动与危机管理中的信息运动。企业的信息运动结构应是全方位的对企业业务的反映，这种业务反映不只包含业务记录，还应包含业务的整合、团队的协作、对环境的感知和适应性④。因此，信息运动内容实际上是包括信息所反映的事物的要素和结构及其运动状态等。

从信息运动的规律上看，人们试图揭示信息运动的运动状态和运动方式。例如，顾肖慈提出四条信息运动变化的基本规律，即信息守恒与转换规律、信息有序化、信息传播规律、信息增强规律。⑤

邓宇等在研究信息运动学时也对信息运动规律进行了揭示，其中包括信息守恒和信息运动定律，并在其《信息运动学》中指出："信息运动学是理论信息力学及现代新信息理论的一个分支学科，它是运用几何学的方法来研究信息体（信

---

① 施友连．基于信息运动模型的信息作用机理研究．现代情报，2007，（6）：60-62.

② 陈喜乐，廖志丹．试论知识创新信息运动．自然辩证法研究，2001，（1）：37-42.

③ 乔立恭．信息化教育基础——自构建学习理论．http://www.jeast.net/magazine/ebook/contents/01/03.htm［2009-02-23］.

④ 邹晓泉．企业的信息结构 信息流三个层次做保证．http://www.amteam.org/k/ITSP/2002-12/456089.html［2009-02-23］.

⑤ 顾肖慈．信息运动规律与文献信息分类．情报杂志，2003，（10）：21；20.

息物体）在时间、空间和社会人群间的运动，通常不考虑信息量、力和质量等因素的影响。至于信息体的运动和力的关系，则是信息动力学的研究内容。创造了信息速度、信息加速度、信息能、信息动能、信息势能、信息力等信息运动学和信息动力学新概念，以及信息守恒、信息运动定律的发现。"①

在信息运动规律研究方面，王怀诗指出，信息运动规律包括信息加速运动规律、梯度增减规律、运动不守恒规律②。

信息运动中是否具有能量守恒规律，我们认为这里确实需要说明一下能量守恒问题。一般而言，能量守恒定律（law of energy conservation）是指各种能量形式在有方向和条件限制下互相转换，能量互相转换时其量值不变，表明能量是不能被创造或消灭的。或者说能量既不会凭空产生，也不会凭空消失。它只能从一种形式转化为其他形式，或者从一个物体转移到另一个物体，在转化或转移的过程中能量的总量不变，这就是能量守恒定律。例如，有成果指出，在一个封闭系统中，各种能量可以相互转换，但总能量保持恒定，不随时间变化。能量可由一种形式转化为其他形式的能量，其总量不变。关于信息是否守恒的问题，目前学术界同仁的意见尚不一致，有人认为守恒；有人认为不守恒；有人认为部分守恒。钟义信认为美国科学家香农度量的信息是语法信息中的概率信息，语法信息回答的是事物的运动状态是什么的问题，它是客观的最基本的信息层次，它是守恒的③。童天湘也认为：就计算机的信息处理而言，信息是守恒的，即输出的信息数不会比输入的信息量有所增加，它是遵守语法信息守恒定律的④。但他们都认为作为知识状态的高层次的语义信息是不守恒的。因为语义信息是回答这种运动状态或存在方式的涵义是什么的问题，它既是客观的，又是主观的，且认为计算机可以创造新知识。而语用信息回答具有这种涵义的运动状态对观察者有什么样的效用和价值，具有明显的主观色彩，更不会是守恒的了。⑤ 作者比较同意钟义信和童天湘的观点，即在语法信息层面是守恒的，而在语义和语用层面信息应该是不守恒的。

在信息运动控制方面，王宇等在《信息网络安全可控性分析的过程模型和

---

① 邓宇，等. 信息运动学. 职业与健康，2007，23（17）：1555-1556.

② 王怀诗. 信息运动规律初探. 图书与情报，1996，（4）：16-20，27.

③ 钟义信. 信息学漫谈. 北京：科学普及出版社，1984.

④ 童天湘. 人工智能与第 N 代计算机. 哲学研究，1985，（5）.

⑤ 以上钟义信和童天湘观点均见自孙志鸿. 信息的本质与信息守恒问题. 合肥工业大学学报，1987，（4）：48-53.

评价指标》中提出信息域、路径、信息节点和组件是其过程模型的主要因素①。可见，可控性就是对信息及信息系统能够实施安全监控。

从上述成果可以看出，信息运动的基本特性主要表现在以下方面。

一是普遍性。任何信息运动，都具有普遍性。因为信息运动不再局限于通信工程和简单的人际间信息运动，而是拓展到生物现象乃至整个社会现象。由此可见，信息始终不会孤立静止地显示其存在状态，它总是和生态演化、政策变动、技术升级、文化提升、基础设施改进、信息素养提高等一系列的系统生态要素的变化相伴随。系统的运动变化（包括演化，becoming）都是凭借组成该系统各个部分之间的信息交换实现的，也就是在系统运行中显示信息 being 状态。为此，在研究具体情况的信息运动时必须对系统性状一并考察，从而为进一步研究信息运动取得实际的依托②。

二是方向性。例如，信源到信宿，无序到有序，低级到高级。相对于一定数量的信息主体，信息运动的方向可以是单向的（如个别交谈），也可以双向的（如教学过程），同样可以是多向的（如大众传播）。

三是加速性。例如，信息生产的加速性、信息传播的加速性和信息获取的加速性等。

四是守恒的相对性。信息运动过程中，从一般能量守恒定律上看，在一个特定的封闭系统中进行转化，信息是守恒的；在一个开放系统中，信息转化能量可能不守恒。值得注意的是，由于能量守恒规律的产生背景是基于宇观的角度，甚至更大，在这样一个背景下，如果将宇宙作为一个系统，从目前的人类认知水平看可能是封闭的，这可能就是持信息守恒观点的支撑点；如果和宇观相对应我们现在了解的宏观、中观等相对来说就是一个微观系统，那么这些系统应该是开放的，因此信息可能不守恒。

五是信息运动可控性。一般信息运动的范式基本上都是围绕信息运动链展开的，也就是说从信息的产生、存储、处理、传播和利用整个周期来界定的。在信息运动的过程中，从信息种群、信息生态以及信息内容的不同方面看，无论是信息生产者、处理者还是传播与利用者都要受到其生态的影响，尽管这些影响有时是负面的，但是总体上讲利用相应的政策与法律法规、信息技术等就能够进

---

① 王宇，等. 信息网络安全可控性分析的过程模型和评价指标. http：//wenku. baidu. com/view/1949389a51e79b8968022647. html［2010-06-22］.

② 乔立恭. 信息化教育基础——自构建学习理论. http：//www. jeast. net/magazine/ebook/contents/01/03. htm［2009-07-23］.

行有效的实时监控和调整，因此可以说信息运动具有可控性，具体包括三个方面，即信息内外生态要素的可控性、信息主体的可控性，以及信息内容的可控性。

7.3 信息运动生态要素与系统

在对信息生态研究的过程中，有时候看起来有说法不一致的地方，但如果我们仔细研究就会发现，这往往是由于对其要素划分的依据不同而产生的。信息运动生态系统不仅包括信息、信息资源，还包括信息基础设施，同样包括大环境，这是以信息资源为核心的划分方法。如果从链状结构角度看，信息运动生态系统实际上包括三个方面的子系统，即信息环境链（外生态），政治—经济—科技—政策—法律—文化等，同时还包括信息运动自身环境（内生态），如信息政策、信息文化与信息伦理、信息理论与信息技术、信息素养与信息技能、信息政策与信息法律等；信息时空分布链，信息位—信息场—信息能，由于信息主体在信息场中的位置不同，所形成的地位是不同的，由于信息场的场级不同，因而信息场力也是不同的；信息运动链，信息生产—信息组织与处理—信息传播与利用，在信息传播和利用过程中同时又包括信息转化，只有转化才能体现信息增值[1]。

由于信息是运动的，信息生态也是不断变化的，因而处于运动状态的信息生态以及所制约和影响的信息运动不仅表现在某一空间的平面发展，而且表现为螺旋循环状态。"所谓信息生态循环，就是在特定的信息生态环境中，信息经过一定的生产、传递和利用过程，使人们的信息需求得以满足，信息资源得以利用，信息环境得以更新，同时不断产生并通过一定的形式反馈新的信息需求。……客观上形成了一种信息需求、供给、更新、反馈的共生共进关系，信息生态循环最终有效推动了能量的流动和物质的更新，推动了科技进步、社会发展和经济建设。"[2] 这种共生共进过程正是由信息运动生态要素在其复杂系统结构中相互协同与合作而促进其演进的。由于信息生态要素非常复杂，因此在概括其要素时，不仅要考虑要素本身，而且要考虑要素的支持因子等。例如，瓦伊·K. 拉威（Wai K. Law）所说的"组织致力于在西方国家作为战略资源的信息系统发展（organizations in the western world devote much attention to the development of

---

① 裴成发. 信息运动生态协同演进论纲. 图书情报工作, 2009, (20): 43-47.

② 程鹏. 信息生态循环圈——关于"信息人"生存的学问. http://www.studa.net/shehuiqita/080626/17082160-2.html [2009-12-15].

information systems as strategic resources），这种发展实践转移到不同文化环境（different cultural environment generates）时遇到了新的挑战，如一个太平洋盆地公共机构的经验报告提出的新挑战，主要来自当地文化和习俗的强大影响力。因此对信息资源的投资价值不仅要看技术的优势，而且还要关注其文化、习俗和利用信息的能力问题。"① 伊尔卡·图奥米（Ilkka Tuomi）认为"数据是信息的先决条件，信息是知识的先决条件。知识的层次在很大程度上影响信息系统开发的不同方式，支持知识管理和组织记忆。他还认为，这种差异可能对组织的灵活性和重建产生重大影响。②

从瓦伊·K. 拉威和伊尔卡·图奥米的基本观点可以看出，前者基于信息系统对信息传播研究，如果把信息传播作为信息生态的要素之一，那么还必须研究交叉文化以及组织驾驭文化和资源利用的问题；而后者强调知识管理必须建立在数据和信息的基础上，因为数据是信息的先决条件，信息又是知识的先决条件。它们之间的这种递进关系反映了人类对事物认识的不断升级过程，如果研究单一子系统内的信息生态管理对象，则必然从数据—信息—知识这样一个过程研究知识问题才比较合适。

7.4　信息运动生态协同的内涵

7.4.1　系统模型构建

1. 不同领域协同问题的参照

通过前面的一系列分析，协同学指明了系统从无序状态转化为有序状态的过程机理：①序参量对系统演变的最终状态或结构起主导作用；②系统内子系统间的有机联系和积极配合是系统有序发展的重要条件之一；③除系统内部协同作用的机制外，还需要外部环境提供适当的控制参量，为系统自组织结构的形成与有序演化提供保障；④反馈机制是系统实现有序的重要保证③。

---

① Law W K. Information resources development challenges in a cross-cultural environment. Managing globally with information technology, IGI Publishing Hershey, PA, USA, Publication：2003：24-35.

② Tuomi I, Data is more than knowledge：implications of the reversed knowledge hierarchy for knowledge management and organizational memory. Journal of Management Information Systems, 1999, 16（3）：103-117.

③ 曾健，张一方. 社会协同学. 北京：科学出版社，2000.

从宏观的角度概括，包括以下问题。

（1）生态协同问题。在中国生态现代化发展路径[①]中分列了3个一级指标，6个二级指标和24个三级指标。具体为生态进步监测指标（一级）：环境质量（二级）包括人均CO_2排放、人均SO_2排放、颗粒物浓度、工业有机废水、工业固体废物、生物多样性缺失；土地质量（二级）包括森林覆盖率、国家保护区、水土流失比例、荒漠化比例、农业用地比例、建设用地比例。生态经济建设指标（一级）：生态效率（二级）包括土地生产率、淡水生产率、农业化肥密度、工业能源密度、经济物质密度、物质生产效率；生态结构（二级）包括有机农业比例、循环经济、绿色旅游收入、资源消耗比例、环境损失比例、环保投入比例。生态社会监测指标（一级）：绿色家园（二级）包括安全饮水普及率、卫生设施普及率、生活废水处理率、城市废物处理率、城市空气质量、农村人口密度；绿色生活（二级）包括绿色能源、绿色交通、服务收入比值、人均服务消费、自然灾害死亡率、自然灾害受灾率。在该路径图中，要实现中国生态现代化，实际上就必须实现其要素和结构系统之间的协同。因此，有研究者提出"首先，实现经济现代化模式的生态转型是重中之重；其次，实现社会现代化模式的生态转型是当务之急；再次，提升全体国民的现代生态意识是关键所在。"[②]从其路径图和结构要素看三个一级指标就是三个子系统，同时各子系统又分别包含两个层次，其协同的目的是生态转型，其支持则是建立现代生态意识。还要注意不同层次中要素之间相互影响和相互制约关系的科学与合理性，只有这样才有可能实现其真正意义上的协同。

（2）信息化协同问题。信息化协同的目标就是在信息化建设过程中，力求使过程的诸要素之间、过程与环境之间始终处于一种协调、平衡状态，从而使信息化建设工作得以全面和谐地开展。[③] 因此，信息化协同就是信息资源协同、信息装备协同、信息种群协同和信息消费与市场协同。而这些具体又包括目标协同、任务协同、建设过程协同和与社会发展协同等。

从中观的角度概括，包括以下问题。

（1）企业协同问题。如前所述，一个远离平衡态的开放系统，在与外界环境发生交换的过程中，能自动产生一种自组织现象，系统的各个部分能够形成相互协同作用，通过内部的非线性动力学机制来形成和维持宏观时空的有序结构。

① 何传启. 中国生态现代化的路径图. 高科技与产业化, 2007, （9）：30-32.

② 何传启. 中国生态现代化的战略思考. 理论与现代化, 2007, （5）：5-13.

③ 宁家骏. 高度重视电子政务应用系统的协同. 中国信息界, 2009, （5）：28-31.

根据这样的协同学思想，可以认为"企业的基本构成要素包括企业与人，企业的主体又是人。企业是一个自组织系统，要靠人主动去构建，因此科学发展企业的核心是人与人协同及人与企业协同。"① 现在研究科技创新和经济发展时，人们往往从产学研联盟的角度出发，因为联盟本身就是组织之间及其要素协同的表现。如李嘉明和甘慧认为产学研联盟中政府的介入不只体现在为产学研联盟打造一个适于其生存发展的政策环境，更重要的是要直接担任产学研联盟的主体。②

（2）知识、信息协同问题。有文章指出"知识协同具有丰富的组织形式，其包括协同团队、知识社区、知识联盟、知识创新型网络组织、虚拟团队等多种形式，知识协同是这些组织进行知识耦合与共享，实现有效的知识重用和快速的知识创新的最佳手段。"③ 许伟提出解决信息共享障碍问题时应该实现信息协同，包括"内容层面信息协同。主要涉及以下业务内容：具有直接供需关系的上下游企业间的需求预测协同、生产计划协同、采购协同、制造协同、物流协同、库存协同和销售与服务协同等。数据层信息协同主要是指通过数据格式兼容和数据挖掘等方法，为供应链节点企业提供共享与沟通交互的统一数据标准，从而实现供应链节点企业的同步运作与信息兼容。交流层信息协同这里的交流层，是指为实现信息共享搭建的各类软硬件交流平台。"④ 可见，知识、信息的协同问题仍然表现出组织、人等基本要素之间的协同。

从微观的角度概括，包括以下问题。

（1）协同软件问题。众所周知，协同软件技术发展很快，而如何实现其协同，诸多技术公司已经提出了相应模式。一般认为，协同软件技术的协同包括三个层面，即资源层——外部资源、Web 资源、文本资源、数据库、多媒体等；知识生产层——知识获取、知识分类、知识编辑、知识创新等；知识应用层——知识门户、搜索引擎、协助系统、学习系统、商务智能等⑤。不难看出，协同软件技术协同的目的就是实现知识资源、知识生产和知识应用之间的

---

① 宋贵宝，等. 基于协同学的企业科学发展模式探讨. 中国高新技术企业，2009，（4）：194-196.

② 李嘉明，甘慧. 基于协同学理论的产学研联盟演进机制研究. 科研管理，2009，30（增刊）：166-172，212.

③ 樊治平，冯博，俞竹超. 知识协同的发展及研究展望. 科学学与科学技术管理，2007，（11）：85-90.

④ 许伟. 供应链中信息共享障碍与协同研究. 中国新技术新产品，2010，（7）：53-54.

⑤ 明基逐鹿软件专家团. 协同软件知识管理核心模块技术分析. http://www.qqread.com/erp/8/a607134004.html［2009-07-26］.

稳定状态。

（2）电子商务协同问题。关于电子商务协同的成果比较多，归纳起来主要认为该方面的协同包括协同基础、协同情景和协同内容等①。协同基础包括市场、客户、IT；情景则包含协同理念、认知、意愿或愿景；而协同内容主要包括商务模式、商务流程、商务平台、协同应用。

（3）信息教育协同问题。唐海平在《信息及其特征》教学案例中指出"不谋全局者，不足以谋一域"。情感态度与价值观目标：让学生理解信息技术对日常生活和学习、对科技进步和社会发展的重要作用，激发学生对信息技术强烈的求知欲，养成积极主动地学习和使用信息技术、参与信息活动的态度。为此，作者从信息的概念和特征入手阐述信息点的一般特征和属性。在信息的认知属性中提出丰富多彩的信息，继而勾勒出信息点的普遍性；在对信息一般特征的概括中强调时效性、载体依附性、价值性、共享性以及可伪性等。在不同的特征中分别阐释信息活动或者信息活动与社会经济发展之间的必然联系，如在提出时效性时，认为信息获取、信息表达交流、信息资源管理技术发展的必要性；如在载体依附性特征中体现了获取信息的可能与获取信息的多渠道，在价值型特征下阐释获取信息的意义，在共享性特征中阐释新经济的发展继而进一步阐释信息技术与社会的关系，同时在可伪性特征中强调信息加工的重要与必要性②。

上述表明，无论是宏观、中观、微观方面的众多领域都关注协同发展问题，说明协同是发展的前提和基础。尤其在知识经济时代，协同发展显得尤为重要。因为协同进化论强调基因的变化可能同时发生在相互作用的物种间，所以，协同进化更强调物种之间的相互作用，可以说它是进化论与生态学的一个重要交叉点。协同进化是共生的互利的个体之间的关系。

2. 几种支持理念

在研究信息运动生态协同模型之前，我们认为应该树立以下三个基本理念。

（1）信息互动理念。从信息学原理可知，信息从产生到消亡的整个生命周期中，不仅是运动的，而且多数情况下是互动的。因此，国外学者也特别关注信

---

① 王玉. 论 E 企业的协同电子商务模式. http：//info. feno. cn/2007/130204/c000073560. shtml［2009-08-23］.

② 唐海平. 不谋全局者，不足以谋一域——《信息及其特征》教学案例. http：//www. ictedu. cn/upload/2006_ 10/06101712039161. jpg&imgrefurl［2010-05-03］.

息互动问题。例如，伊莱恩·G. 汤姆斯（Elaine G. Toms）提出信息互动（information interaction）（或交互作用）是人们在同一个信息系统的内容交互使用的过程。信息构建是基于信息内容系统（the content of an information system）导航的一个蓝图。伊莱恩·G. 汤姆斯在该文中重点强调信息构建对信息互动的重要支撑作用（an important supporting role），其立足点则是详细阐述了无人地带的用户和计算机之间的包括用户、内容和系统在内的信息构建形成的信息互动模式（a model that includes user，content and system），进而阐明信息构建的背景（illustrating the context for information architecture）。① 由此可见，在对信息运动生态协同模型构建研究时，应该遵循基于信息互动或交互作用的理念，这样才有可能将其纳入一个整体进行研究。

（2）信息环境理念。众所周知，在信息运动生态系统中，主体是信息种群或信息人及其行为所产生的信息活动，而影响信息人活动的主要因素包括两个方面，即信息人本身的因素，如信息素养；信息内外环境因素，换句话说，信息人的一系列活动始终将会受到来自内外环境方面的制约或影响。例如，鲍勃·米勒（Bob Miller）等提出"无论是军事、商业或非营利（non-profit）企业必须利用可用的信息对他们所处环境的变化作出有效的判断及反应。因此，管理信息对任何企业都起着核心或关键作用，是影响其判断（或结果）质量的一个重要因素。"为此，鲍勃·米勒等提出了一种对一个企业信息环境进行判断的要素框架，即理解（understanding）、规划（planning）和分析（analyzing）等。该框架是在对信息协同能力研究历史回顾的基础上，对信息处理、开放系统不断变化以及信息利用等方面的能力存在的缺陷和不足，提出建立一个与对象相一致的等级式（或层叠式）的结构体系。②鲍勃·米勒的框架中包括信息搜集中心（或信息超市，information supermarket）、处理中心（枢纽）、服务中心（支援）等。目的在于对信息环境实现更好的协同，因此作者以美国空军科学咨询委员会（U. S. Air Force Scientific Advisory Board）为例来说明问题，就是要阐释一个基本的理念，即"联合战场信息圈"中的整体信息协同。

（3）信息动力理念。既然信息的作用日显重要，那么我们有必要树立一个信息动力理念。这样讲是因为首先信息可以作为生产要素出现（知识也是如

---

① Toms E G. Information interaction：providing a framework for information architecture. Journal of the American Society for Information Science and Technology，2002，53（10）：855-862.

② Miller B，Malloy M A，Masek E，et al. Towards a framework for managing the information environment. Information-Knowledge-Systems Management，2001，2（4）：359-384.

此）；其次信息不仅是一个元素，且在事物发展过程中往往又是一种参量或变量。换言之，要素是构成事物的基本基础，是动力元；参量则是中枢或纽带，而作为参量的信息则是反映信息的本质的东西。因而我们在研究信息运动生态体系中的要素、子系统等协同时，首先需要研究其序参量，如企业序参量"核心竞争力"等，而信息协同在于信息共享，信息共享程度又决定和影响信息的利用和转化，而转化是其基本目的，因为通过转化将体现信息的基本价值，或是促使社会知识存量的增加，或是经济的增长，或是技术的升级等，就是信息贡献度应该是其序参量所体现的。

此外，既然是贡献问题，就是构建信息动力的指标化度量。如果是变量，我们也可以发现，无论对政府、企业和其他组织，其中多数的变量尤其是控制变量往往是通过信息来体现的，如升学率、就业率等。从这两个方面看，信息可以作为事物发展的基本动力之一。同时，我们还可以根据控制论创始人维纳提出的信息就是信息，既不是物质也不是能量的基本观点，该观点实际是指信息是与物质和能量并立的一种客观存在。而信息的作用就在于可以促使物质和能量之间的转化。再从前面讲到的，在宇观领域的一切物质运动均是由于信息运动而发生的。鉴于此，可以充分表明信息具有动力性。这些基本思想在 F. C. 格雷·索森（F. C. Gray Southon）等在研究知识动力学的问题时也有类似的观点[1]。另外，Bor-Sheng Tsai 将知识全面质量管理描述为信息景观。而该信息景观则是以结合度、数量、连续性和稳定性、多变性、临界概率等作为基本参数，对信息、图表、查询和报告技术等进行集成化来构建信息地图。在这个景观中使得信息工作者和用户在一个虚拟的学习环境，得以培养和参考，又可创造利用这些数据。[2]也从另一个方面揭示了信息动力的属性。

7.4.2　协同模型构建

对信息生态协同性进行分析，主要从复杂系统的角度阐述信息生态系统内部各要素、各子系统的相互作用和影响的角度出发，在具体涉及某个要素或某个子系统时，将会对其相关的要素、相关联的子系统，乃至整个信息生态系统的影响

---

① Gray Southon F C, Todd R J, Seneque M. Knowledge management in three organizations: an exploratory study. Journal of the American Society for Information Science and Technology, 2002, 53 (12): 1047-1059.

② Tsai B S. Information landscaping: information mapping, charting, querying and reporting techniques for total quality knowledge management. Information Processing and Management, 2003, 39 (4): 639-664.

或作用从其协同过程及其协同效果角度进行判断，因而就需要对信息运动生态模型进行构建，如图 7-1 为信息运动生态系统。

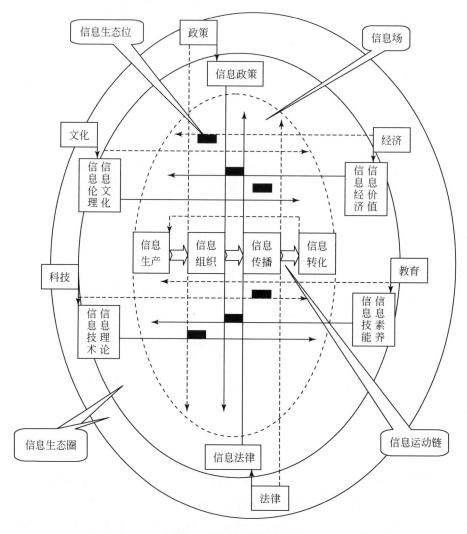

图 7-1　信息运动生态系统

从图 7-1 可以看出，在信息运动生态系统中涉及诸多要素，而这些要素又分别包括在不同的子系统中，同时某种要素的发展与变化，在一定程度上又必然会影响某个子系统，乃至整个信息生态系统。因此，为了研究信息运动生态的协同发展与演进，应该从以下几个方面展开：一方面，信息运动生态要素的协同、信息运动生态子系统内部的协同，以及子系统之间的协同等；另一方面，协同的目的是在于发展和共同演进，因而在判断第一个方面的系列协同问题时，其关注点是否有利于共生、共栖、共演进，这是问题的主要方面。此外，这些判断协同问题的立足点同样是判断信息运动生态协同效果的基础依据。

7.4.3 协同模型分析

如何对信息运动生态协同效果进行进一步的研究、判断和评价研究呢？需要对图7-1中的要素和相关子系统进行进一步的充分揭示，甚至需要给予新的概念或赋予意义。在信息科学研究领域，一般认为信息运动规律包括信息产生、信息提取、信息再生、信息施效四类。作者认为，这种观点是仅仅就信息运动链而言的，但是信息运动不是孤立的，而是要受到信息生态的重大影响，即信息运动的方向是否正确、信息流是否顺畅、信息是否能够实现增值，换言之，信息施效是否明显，除信息自身的因素外，很大程度上取决于信息生态环境是否优化。例如，唐海平在《信息及其特征》教学案例中指出的"不谋全局者，不足以谋一域"。[①] 为了充分揭示其内涵，我们统一构建了表7-1信息运动生态协同内涵模型。

表7-1 信息运动生态协同内涵模型

信息运动生态协同 Q	信息外生态 R_0	政策与法律 R_8	宏观 R_{81}	长期 R_{811}	国家战略	目标	内容	实施
				中期 R_{812}	阶段战略	阶段目标	内容	实施
				短期 R_{813}	战略执行	年度目标	内容	实施
			微观 R_{82}	长期 R_{821}	行业、区域战略	行业、区域目标	内容	实施
				中期 R_{822}	阶段战略	阶段目标	内容	实施
				短期 R_{823}	战略执行	年度目标	内容	实施
			法律 R_{83}	实体法 R_{831}	宪法	民商法	经济法	其他
				程序法 R_{832}	行政诉讼	民事诉讼	经济仲裁	其他
			法规 R_{84}	行业 R_{841}	行业法规	补充性法规	其他	
				区域 R_{842}	区域法规	补充性法规	其他	

[①] 唐海平. 不谋全局者，不足以谋一域——《信息及其特征》教学案例. http：//www.ictedu.cn/upload/2006_ 10/06101712039161. jpg&imgrefurl ［2009-06-05］.

续表

信息运动生态协同 Q	信息外生态 R_0	经济 R_9	经济水平 R_{91}	经济总量 R_{911}	GNP	GDP	
				人年均 R_{912}	人均 GNP	人均 GDP	
				收入 R_{913}	城镇居民	农村居民	可支配
				增长 R_{914}	年增长	同比增长	
			消费水平 R_{92}	恩格尔系数 R_{921}	国家层面	区域层面	行业层面
				信息系数 R_{922}	国家层面	区域层面	行业层面
		科技 R_{10}	科学水平 R_{101}	科研投入 R_{1011}	国家 R&D	区域 R&D	政府、社会
				科学人员 R_{1012}	基础研究	应用研究	
				科研效果 R_{1013}	学科前沿	技术前沿	
			技术水平 R_{102}	技术研发 R_{1021}	发明型	实用新型	外观设计
				技术拥有 R_{1022}	自主产权	合作产权	其他
				技术转让 R_{1023}	年转让	区域转让	
		文化 R_{11}	文化水平 R_{111}	文化理念	文化修养	文化常识	
			伦理习惯 R_{112}	道德修养	认知水平	行为准则	
		教育 R_{12}	素养 R_{121}	教育规模 R_{1211}	高等教育	中等教育	其他教育
				教育层次 R_{1212}	高等教育	中等教育	其他教育
				受教育比 R_{1213}	入学/人口	入学/人口	
			技能 R_{122}	一般技能 R_{1221}	知识技能	文化技能	技术技能
				职业技能 R_{1222}	专业基础	专业技能	
				其他技能 R_{1223}			
	信息内生态 R_0	信息政策 R_{41}	长期 R_{411}	国家目标	区域目标	行业目标	R_{41}、R_{42} 构成 R_4
			中期 R_{412}	阶段任务	区域任务	行业任务	
			短期 R_{413}	具体措施	区域	行业	
		信息法律 R_{42}	行业 R_{421}	国际行业	国内行业		
			区域 R_{422}	国际区域	国内区域		
		信息经济 R_6	信息价值 R_{61}	使用价值 R_{611}	高端使用	中端使用	低端实用	其他
				潜在价值 R_{612}	高端使用	中端使用	低端实用	其他
			信息价值 R_{62}	信息成本 R_{621}	固定成本	可变成本	
				信息价格 R_{622}	市场信号	价格水平	性价比	变动幅度
				贡献率 R_{623}			

续表

			核心技术 R_{311}	申请/年	批准/年	比例	
信息运动生态协同 Q	信息内生态 R_0	信息技术 R_3	技术开发专利 R_{31}	中游技术 R_{312}	申请/年	批准/年	比例
				表层技术 R_{313}	申请/年	批准/年	比例
			申请与批准比率 R_{314}				
			技术应用（专利转化/年/区域）R_{32}	基础设施 R_{321}	转化/年	核心技术	中游技术	表层技术
				信息构建 R_{322}	转化/年	核心技术	中游技术	表层技术
				信息处理 R_{323}	转化/年	核心技术	中游技术	表层技术
				批准与转化比率 R_{324}				
		信息文化 R_5	信息道德 R_{51}	信息伦理 R_{511}	信息意识	信息行为	信息追求	信息价值观
				逆行选择比率 R_{512}				
			信息习惯 R_{52}	认同习惯 R_{521}	经验认同	知识认同	媒体认同	交际认同
				认同比率 R_{522}				
				获取利用 R_{522}	传统方式	直接方式	网络方式	其他方式
				获取利用比率				
		信息教育 R_7	教育规模 R_{71}	教育机构 R_{711}	高等教育	中等教育	其他教育	
				教育层次 R_{712}	本科	专科	其他	
			教育质量 R_{72}	信息素养 R_{721}	信息理论	信息开发	信息获取	信息利用
				信息技能 R_{722}	识别技能	处理技能	传播技能	转化技能
	信息运动链（由 R_1，R_2，I_1，I_2 构成）	信息种群 $R_1(t)$	信息生产者 $R_1(t_1)$	数据生产者 $R_1(t_1)_1$	信息生产者 $R_1(t_1)_2$	知识生产者 $R_1(t_1)_3$	文献生产者 $R_1(t_1)_4$	信息产品生产者 $R_1(t_1)_5$
			信息组织与传播者 $R_1(t_2)$	信息组织者	信息传播者			
			信息转化与消费者 $R_1(t_3)$	信息消费者	信息转化者			

续表

		信息 $R_2(t_1)$	实物信息	抽象信息	新增信息		内容资源
信息运动生态协同 Q	信息运动链（由 R_1，R_2，I_1，I_2 构成）	信息资源 $R_2(t)$	知识 $R_2(t_2)$	一般知识	专用知识	新增知识	知识产权	内容资源
			产品 $R_2(t_3)$	文献	数据库	新增产品	知识产权	
			人力资源 $R_2(t_4)$	研究型	管理型	操作型	辅助型	一般资源
			物力资源 $R_2(t_5)$	物质元资源	设施资源	可补充资源		一般资源
			技术资源 $R_2(t_6)$	一般技术	核心技术	应用技术		
			财力资源 $R_2(t_7)$	政府投入	企业投入	基金投入	社会及其他	
		信息生产 $I_2(t_1)$	生产基础 $I_2(t_1)_1$	生产设施 $I_2(t_1)_{11}$	信息人	信息技术	信息装备	
				信息研究 $I_2(t_1)_{12}$	研究者	研究层次	研究成果	
			信息生产能力 $I_2(t_1)_2$	IT 能力 $I_2(t_1)_{21}$	IT 开发	IT 管理	IT 应用	IT 操作
				产品开发 $I_2(t_1)_{22}$	自主产权	合作产权	产品引进	
		信息组织 $I_2(t_2)_1$	信息组织标准 $I_2(t_2)_{11}$	国际标准 $I_2(t_2)_{111}$	ISO 相关	信息	文献	档案
				国家标准 $I_2(t_2)_{112}$	GB 相关	信息	文献	档案
				行业标准 $I_2(t_2)_{113}$	HY 相关	信息	文献	档案
				其他标准 $I_2(t_2)_{114}$	部门标准	信息	文献	档案

续表

			可供平台共享 $I_2(t_2)_{121}$	个体平台	行业平台	区域平台	综合
信息运动生态协同 Q	信息运动链（由 R_1，R_2，I_1，I_2 构成）	信息组织 $I_2(t_2)_1$ / 信息组织效果 $I_2(t_2)_{12}$	组织严密程度 $I_2(t_2)_{122}$	部门体系	行业体系	国家体系	国际
			接轨程度 $I_2(t_2)_{123}$	相关部门	相关行业	国家接轨	国际
			认可度 $I_2(t_2)_{124}$	易识别	易理解	易检索	易获取
		信息传播 $I_2(t_2)_2$ / 渠道 $I_2(t_2)_{21}$	多元化 $I_2(t_2)_{211}$	平面渠道	立体渠道	其他渠道	
			信息流 $I_2(t_2)_{212}$	单信息流	单信息束	混合信息流	
			信息流速 $I_2(t_2)_{213}$	单信息	单信息束	混合信息	单位时间信息流量
		污染 $I_2(t_2)_{22}$	生态节点 $I_2(t_2)_{221}$	外生态	内生态	运动	交叉节点
			风险系数 $I_2(t_2)_{222}$	外生态	内生态	运动链	交叉影响与系统临界值范围
			影响度 $I_2(t_2)_{223}$	影响范围	影响层次	影响节点	交叉影响与系统受影响程度
		信息转化 I_1 / 转化效率 I_{11}	转化速率 I_{111}	年转化数	区转化数	行业转化数	单位时间内信息转化的数量
			转化比率 I_{112}	年转化率	区转化率		单位时间实际转化与应转化信息的比值
		转化效果 I_{12}	转化成本 I_{121}	固定成本	可变成本		总成本
			转化效益 I_{122}	社会效益	信息资源增量	成果增量	社会价值
				经济效益	息税前利润	净利润	利润率

如果将表7-1中的内涵进行协同研究，就可以形成图7-2信息运动生态协同模型的形式。

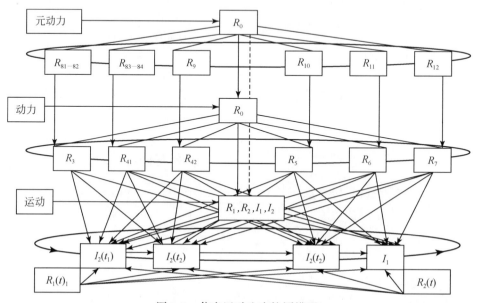

图 7-2　信息运动生态协同模型

从图 7-2 中可以看出，将表 7-1 中的要素和结构内涵规范后就形成了立体网络的协同模型。尽管这里只涉及三个层次，但是各要素之间、各子系统之间的关系已经描述的较为清晰。在该模型中，信息外生态对信息内生态、信息内生态对信息运动链将分别产生直接的影响，信息外生态对信息运动链则产生间接的影响，这是第一点；除信息生态要素之外，信息运动生态各子系统内在的运动和发展将直接作用于其他子系统的运动与发展状况，因此协同是必须的，这是第二点；尽管我们将会不断对信息内外生态进行研究，但是信息运动链将是长期关注的重点，因为信息运动生态的协同效果最终会通过信息运动链反映出来。

7.4.4　定性判断

1. 要素协同及定性判断

有学者认为，要素协同是指实现某一活动过程的诸要素，在空间上保持一致性，在时间上保持连续性。它实际包括两个方面的协同，即横向协同与纵向协同。横向协同称方向协同，纵向协同称良性循环。这里不妨以政务协同为例来说明问题，众所周知，互联网的快速发展使得电子政务变成现实，而如何充分利用网络环境实现真正意义上的电子政务的协同，近些年来，西方发达国家在基于网络环境下协同政务的开展方面，进行了许多成功尝试，如新加坡政府为了实现电子政务建设的"多个机构，一个门户"的在线网络政府目标，构建了一个政府服务技术框架（service wide technical architecture，SWTA），以帮助政务机构设计、实施和管理信息通信系统，方便政府机构之间的业务协同和信息共享。意大利将面向服务架构（service-oriented architecture，SOA）应用于电子政务，力图在保证各级政府的异构性、自主性的前提下，建立一个全国范围内的、政务服务协同的电子政府。美国和日本等发达国家不仅注重了形式方面的协同，而且更加重视内容的协同和对协同效果的关注。

目前，我国学者在电子政务协同方面也做了不少研究。例如，蔺楠等将"一表式"网格与电子政务有机结合，以降低电子政务系统中的信息冗余度和优化政务流程；朱建勇等提出了一种利用网络基础设施、协议规范、数据库等资源和网格技术，为用户提供一体化的智能政务信息网格，实现信息的分布式、协作式和智能化处理；郑锋等基于 Web Services 技术，提出了一种可以跨越不同机构的应用体系、操作系统等界限的分布式电子政务信息共享平台，以实现信息的安全，并实现一站式访问。凡此种种国内学者早期在电子政务的协同研究方面多基于协同基础的研究。可以提到的是乔高社在对传统公文处理流程进行详细分析的基础上，提出了一个电子公文的标准化表示方法，规范了电子公文交换机制，并设计了一个基于 J2EE 的电子政务公文交换系统架构[1]，其研究已开始关注内容协同。

由图 7-1 和图 7-2 可以清楚地看出，不仅仅是信息始终处于动态的变化之中，而且信息内外生态也是在不断变化的。因为信息运动生态是属于社会生态范畴，所以其中的每个要素的变化可能都会对信息生态整体产生影响。在图 7-2 中，无论是元动力还是基本动力要素都会直接或间接对信息运动产生促进或制约作用。而这些制约或促进作用的产生很大程度上又取决于信息种群的理念、知识、技能以及信息道德水平。由此可知，信息运动生态系统的根本则是信息种群或信息人，即无论是什么样的子系统，均表现出这个基本特征。

鉴于此，我们在对信息运动生态要素进行协同研究时应该关注以下几个方面：一是信息运动生态要素个体中主成分的完整程度、要素的完备程度、各子系

---

① 孙忠林，崔焕庆. 面向多类用户的电子政务信息协同模式研究. 山东科技大学学报（自然科学版），2009，（1）：79-82.

统中要素的关联程度；二是各要素之间的适应程度等。例如，在对信息种群这个根本要素进行分析和研究时，如果仅仅强调笼统的信息人和种群是不够的，因为在信息运动生态系统中所有从事与信息活动有关的人都可以称其为信息人，但是由于信息人的社会分工和角色不同，那么其行为和产生的功能则是有很大差异的。因此，既要考虑同一个子系统中同质信息种群内的信息人之间的协同问题，又要考虑不同子系统之间异质信息种群的信息人协同问题，如在我们通常研究信息领域的信息人中主要强调的是信息运动领域中的信息生产者、信息组织者、信息传播者和信息转化与利用者等。当然，他们之间的协同是必须的，但是如果没有充分考虑信息环境中的信息人，那么就不能说信息运动生态系统之间实现了比较好的协同。因为信息政策制定者的态度、认识和政策制定的初衷是什么，信息素养与信息伦理教育者的教育理念又是什么，信息技术管理者、信息经济管理者目的、手段，以及想实现的效果等又是什么，这些如果没有很好的协同，那么很难实现信息人的共同提高和发展。因此，不同类型信息种群、信息人之间的协同是信息运动生态协同的核心部分。这一点在诸多成果中已经得到体现，如娄赤刚在《信息生态系统中的信息组织协同》中认为，"信息组织协同的目的就是让信息人对信息组织产生正效应，为信息组织的发展做出贡献。"主要包括"信息人之间的协同和信息组织与信息人个体之间的协同，只有做到信息种群之间的协同，"① 这样才能从根本上解决整体的协同问题。

在管理学领域提出的雁阵效应（wild goose queue effect），在判断其协同效果时既充分考虑不同信息种群所形成的合力是否对其他种群产生相应的促进力，又考虑了信息种群位移的合理性和秩序的严谨性。因为雁阵在飞行中，后一只大雁的羽翼，能够借助于前一只大雁的羽翼所产生的空气动力，使飞行省力，一段时间后，它们交换左右位置，目的是使另一侧的羽翼也能借助于空气动力缓解疲劳。依此类推，对所有要素协同效果的判断均应考虑以上两点。据此，我们认为信息人在信息运动中一般情况下处于"领头雁"的位置，而信息人在信息运动中的任何活动中，如果要想充分发挥其主要作用和重要地位，这关系信息运动领域整体信息种群的协同效果。换言之，信息生产中的信息生产者要利用自身的优势，为信息组织做好基础和铺垫工作，而信息组织者的信息组织活动应该是非常严谨和科学的，这样才能有助于信息传播，而信息传播者在充分把握传播的时机、传播对象和传播渠道的前提下，则可能更为有效地进行信息转化。在这样一

---

① 娄赤刚. 信息生态系统中的信息组织协同. 经济与科技，2007，(8): 68-69.

个基本的信息运动过程中，使信息种群才能进一步进化。此外，信息人对信息政策的制定和对信息政策的理解，对信息技术的掌握，信息伦理的严守和信息素养的不断提升才是信息运动最基本的支持和保障。

2. 子系统协同及定性判断

要研究子系统（subsystem）之间的协同问题，不仅应该关注信息运动链和信息生态子系统之间的协同，而且要关注信息生态子系统中的内外生态子系统之间的协同。此外，还要特别关注子系统内部协同的同时性、内部与外部协同的一致性等。这一点从哈肯早期的研究成果中就能体现出来，哈肯等在 *An introduction to synergetics* 中指出协同学是以协作与自组织（cooperation and self- organization）为特点的，如学科之间的协同问题。其目的是对复杂开放系统在时间、空间结合下的行为特征或特殊功能进行描述。主要包括三个方面，即该复杂系统包括诸多子系统（the systems are composed of many subsystems），从微观的角度是归结子系统维度和范畴，而宏观描述是构成系统的规模；其子系统及其交互构成一个非线性系统（non-linear system），它强调追寻非线性原理，而没有解决叠加原理；该复杂系统必须是开放的（the systems must be open），强调系统的开放性使该系统将驱动远离平衡（be driven far away from equilibrium）作为自组织能够发生的必要条件①。

从哈肯等的基本观点可以看出，信息运动生态子系统之间的协同判断问题，也应该对子系统的维度和范畴进行描述与度量，对整体系统规模揭示的清晰度进行评判；对系统的开放程度和自组织状况进行判断和度量等。既然信息运动生态系统包括若干子系统，这些子系统同时又包括更下一层的子系统，那么这些部分的协同效果的判断就应该更加复杂。即使是在一个组织中的生态系统也包括若干个子系统，换言之，由若干子系统组成的，能以自组织方式形成宏观的空间、时间或功能有序结构的开放系统才是组织的协同系统。通常，一个组织的生态子系统共存是一种脆弱的平衡，所以，改变一个组件必然诱导其他变化②。在对组织子系统或一个组件进行判断和评价时，应该给相关重要参数的建立和影响更需要赋予明确的意义。因为虽然总是很难作出科学预测，尽管我们一再被意想不到的事态发展所困扰

---

① Haken H, Wunderlin A, Yigitbasi S. An introduction to synergetics. Open Systems & Information Dynamics, 1995, 3（1）: 97-130.

② Choo C W, Detlor B, Turnbull D. Information seeking and knowledge work on the World Wide Web. Kluwer Academic Publishers, 2000.

……，但是参数可以支配能够被描述的整体过程。^①参数的作用可以表现在诸多复杂系统协同的研究中，如环保领域的"协同效应"是指节能与减排（减少温室气体排放与减少污染物排放）的生态保护过程能够同时实现，既满足全球温室气体减排的要求，又满足经济发展过程中节能环保的需要。^②由此同样可以看出，对子系统及其整体协同效果的判断应该立足于链间、节点、动阻力等方面，即链间协同主要是研究信息运动生态各子系统之间的协同，如信息运动外生态（A）—内生态（B）—运动链（C）三个子系统之间的协同问题；节点协同主要研究各节点之间的协同，如政策（A_1）—信息政策（B_1）—信息政策执行（$C—C_1$，C_2，C_3，C_4）之间的协同问题；动阻力研究是在链间和节点协同研究的基础上，进一步对信息运动生态系统中的相关系数进行分析，如在表7-1中教育技能（信息外生态）—信息技能（信息内生态）—信息运动技能（生产、组织、传播、转化和利用），信息运动技能水平的高低取决于信息教育中信息的专业或职业技能教育的针对性和适用性，而这种针对性和适用性的程度又取决于外生态教育中的一般技能教育的普及性和社会认可度，这些通过系数关系进行描述后，便可以判断其正负影响。

7.4.5　定量判断

1. 灰色关联度分析

关联度（relational degree）是指两个事物之间的关联程度。在不同的学科和领域其表现是不同的，如在企业产品品牌延伸方面，则指新产品与原有产品在功能、生产技术、分销渠道、售后服务等方面的相关程度。在时间分析中是指两时间序列在对应各时段上曲线的相似接近程度等^③。

一般认为，部分信息已知、部分信息未知的系统，称为灰色系统。通常将一般的社会系统作为灰色系统看待，信息生态系统属于社会生态系统中的一个子系统，因为它具有社会系统的属性和特征，因此我们认为应该用灰色系统理论研究信息生态链问题。灰色系统理论是研究灰色系统分析、建模、预测、决策和控制的理论。它把一般系统论、信息论及控制论的观点和方法延伸到社会、经济和生态等抽象系统，并结合数学方法，构建一套解决信息不完全系统（灰色系统）

---

① Haken H. Synergetics——are cooperative phenomena governed by universal principles. Naturwissenschaften, 1980，(67)：121-128.

② 刘畅．"协同效应"促合作．http：//world.people.com.cn/GB/57507/6584724.html［2009-10-27］．

③ 王宏．如何简便、准确计算关联度．科技信息，2006 (6)：66，87.

的理论和方法。灰色系统理论分析具有对社会科学与自然科学的沟通作用，可将抽象的系统加以实体化、量化、模型化及最佳化。灰色系统理论提出了对各子系统进行灰色关联度分析的概念，意图通过一定的方法，去寻求系统中各子系统（或因素）之间的数值关系。而灰色关联度分析（grey relational analysis）就是基于灰色系统理论的一种方法。其基本原理是依据各因素数列曲线形状的接近程度做发展态势的分析。灰色关联度分析的意义是指，在系统发展过程中，如果两个因素变化的态势是一致的，即同步变化程度较高，则可以认为两者关联较大；反之，则两者关联度较小。因此，灰色关联度分析对于一个系统发展变化态势提供了量化的度量，非常适合动态（dynamic）的历程分析。

这里之所以提出灰色关联度问题，是因为信息运动生态系统大部分具有灰色系统的性质，有不少信息要素和评价指标处于模糊状态。鉴于此，在判断其协同效果之前，确实有必要利用灰色关联度的基本原理对其进行定量化的基础描述。由于灰色关联度分析的应用领域非常广泛，因而在选择其判断要素、指标、权重等方面是一个复杂的问题，故而我们首先可以借鉴已经应用的领域所取得的成果，试图研究该系统的要素、指标和权重。

为了具体阐述上述问题，这里先从其他领域的灰色关联分析成果进行切入。

从微观的角度看，假设一个信息咨询公司管理者对三个员工的评价（表 7-2），设分辨系数：$\zeta = 0.5$。

表 7-2 员工评价表

评分项目 \ 员 工	员工 1	员工 2	员工 3	说 明
评价总分（X_0）	100	90	70	
工作测评分（X_1）	90	80	50	以员工 1 为基准点
出勤率（X_2）/%	100	85	60	

对数据进行标准化，见表 7-3。

表 7-3 数据标准化表

评分项目 \ 员 工	员工 1	员工 2	员工 3
评价总分（X_0）	1	0.9	0.7
工作测评分（X_1）	1	0.89	0.56
出勤率（X_2）	1	0.85	0.6

对应差数列，见表7-4。

表7-4 数据对应差表

差数 员工 差式	员工1	员工2	员工3	$\min(k)$	$\max(k)$
$|X_0(k) - X_1(k)|$	0	0.01	0.14	0	0.14
$|X_0(k) - X_2(k)|$	0	0.05	0.10	0	0.10

关系系数 $\xi_i(k)$ 计算，步骤如下。

$\zeta=0.5$，最大差为0.14，最小差为0。

（1）求比较数列 X_1 对参考数列 X_0 的关系系数 $\xi_1(k)$。

$$\xi_1(1) = \frac{\Delta\min + \zeta\Delta\max}{\Delta_{01}(1) + \zeta\Delta\max} = \frac{0 + 0.5 \times 0.14}{0 + 0.5 \times 0.14} = 1$$

$$\xi_1(2) = \frac{\Delta\min + \zeta\Delta\max}{\Delta_{01}(2) + \zeta\Delta\max} = \frac{0 + 0.5 \times 0.14}{0.01 + 0.5 \times 0.14} = 0.88$$

$$\xi_1(3) = \frac{\Delta\min + \zeta\Delta\max}{\Delta_{01}(3) + \zeta\Delta\max} = \frac{0 + 0.5 \times 0.14}{0.14 + 0.5 \times 0.14} = 0.33$$

（2）求比较数列 X_2 对参考数列 X_0 的关系系数 $\xi_2(k)$。

$$\xi_2(1) = \frac{\Delta\min + \zeta\Delta\max}{\Delta_{02}(1) + \zeta\Delta\max} = \frac{0 + 0.5 \times 0.14}{0 + 0.5 \times 0.14} = 1$$

$$\xi_2(2) = \frac{\Delta\min + \zeta\Delta\max}{\Delta_{02}(2) + \zeta\Delta\max} = \frac{0 + 0.5 \times 0.14}{0.05 + 0.5 \times 0.14} = 0.58$$

$$\xi_2(3) = \frac{\Delta\min + \zeta\Delta\max}{\Delta_{02}(3) + \zeta\Delta\max} = \frac{0 + 0.5 \times 0.14}{0.1 + 0.5 \times 0.14} = 0.41$$

求关联度（以平均值关联度计算），步骤如下。

（1）求比较数列 X_1 对参考数列 X_0 的关联度（r_1）。

$$r_1 = \frac{1}{3}\sum_{k=1}^{3}\xi_1(k) = \frac{1 + 0.88 + 0.33}{3} = 0.74$$

（2）求比较数列 X_2 对参考数列 X_0 的关联度（r_2）。

$$r_2 = \frac{1}{3}\sum_{k=1}^{3}\xi_2(k) = \frac{1 + 0.58 + 0.41}{3} = 0.66$$

故 $r_1 > r_2$，说明对员工的工作测评更加关注[①]。

如果说此例是对信息微观层面上的管理问题进行关联分析，那么我们再从宏观的角度研究。以 2008 年高技术产业大中型工业企业中的电子及通信设备制造业科技活动的投入与产出情况为例（表 7-5）。

表 7-5 2008 年高技术产业大中型工业企业科技活动投入与产出状况表

电子及通信设备制造业	资源投入		主要产出			
	人力资源	资本资源 (R&D 经费)	主营业务 收入	新产品	利润总额	发明专利 申请数
通信设备制造业	88 841	2 021 334	74 588 789	30 989 691	2 691 912	13 283
雷达及配套设备制造业	2 576	37 973	1 273 803	164 617	105 809	18
广播电视设备制造业	1 893	46 672	2 453 990	536 663	122 560	164
电子器件制造业	16 562	613 113	52 453 906	11 446 943	1 558 776	1 545
电子元件制造业	18 270	585 300	61 680 880	7 385 399	2 871 729	674
家用视听设备制造业	10 046	630 175	31 958 588	15 763 132	1 024 950	1 100
其他电子设备制造业	7 946	94 818	5 991 708	1 304 320	356 848	204

数据来源：中国统计年鉴（2009）

应用灰色关联分析：

对数据进行标准化（以通信设备制造业为基准），见表 7-6。

表 7-6 数据标准化表

电子制造业类型 评分项目	通信设备 制造业	雷达及配 套设备制 造业	广播电视 设备制 造业	电子器件 制造业	电子元件 制造业	家用视听 设备制 造业	其他电子 设备制造
主营收入（Y_1）	1	0.0171	0.0329	0.7032	0.8269	0.4285	0.0803
新产品（Y_2）	1	0.0053	0.0173	0.3694	0.2383	0.5087	0.0421
利润总额（Y_3）	1	0.0393	0.0455	0.5791	1.0668	0.3808	0.1326
发明专利申请数（Y_4）	1	0.0014	0.0123	0.1163	0.0507	0.0828	0.0154
科学家和工程师（X_1）	1	0.029	0.0213	0.1864	0.2056	0.1131	0.0894
经费（X_2）	1	0.0188	0.0231	0.3033	0.2896	0.3118	0.0469

---

① 此关联度模型依据周世杰，陶虹沅，林炎莹．灰色关联度分析．http：//210.240.3.2/dinner/ed92/decidfc/1701.doc ［2010-06-21］．

主营收入与投入各因素绝对差值见表7-7。

表 7-7　主营收入与投入差值表

差值差式＼制造业类型	通信设备制造业	雷达及配套设备制造业	广播电视设备制造业	电子器件制造业	电子元件制造业	家用视听设备制造业	其他电子设备制造
$[Y_1-X_1]$	0	0.0119	0.0116	0.5168	0.6213	0.3154	0.0091
$[Y_1-X_2]$	0	0.0017	0.0098	0.3999	0.5374	0.1167	0.0334

新产品与投入各因素绝对差值见表7-8。

表 7-8　新产品与投入差值表

差值差式＼制造业类型	通信设备制造业	雷达及配套设备制造业	广播电视设备制造业	电子器件制造业	电子元件制造业	家用视听设备制造业	其他电子设备制造
$[Y_2-X_1]$	0	0.0237	0.004	0.183	0.0327	0.3956	0.0474
$[Y_2-X_2]$	0	0.0135	0.0058	0.0661	0.0512	0.1969	0.0048

利润总额与投入各因素绝对差值见表7-9。

表 7-9　利润总额与投入差值表

差值差式＼制造业类型	通信设备制造业	雷达及配套设备制造业	广播电视设备制造业	电子器件制造业	电子元件制造业	家用视听设备制造业	其他电子设备制造
$[Y_3-X_1]$	0	0.0103	0.0242	0.3926	0.8612	0.2677	0.0431
$[Y_3-X_2]$	0	0.0205	0.0224	0.2757	0.7772	0.069	0.0857

发明专利申请数与投入各因素绝对差值见表7-10。

表 7-10　发明专利与投入差值表

差值差式＼制造业类型	通信设备制造业	雷达及配套设备制造业	广播电视设备制造业	电子器件制造业	电子元件制造业	家用视听设备制造业	其他电子设备制造
$[Y_4-X_1]$	0	0.0276	0.009	0.0701	0.1549	0.0303	0.0741
$[Y_4-X_2]$	0	0.0174	0.0107	0.187	0.2388	0.2289	0.0316

关联系数表 $\xi=0.5$。

主营收入与投入各因素关联系数见表 7-11。

表 7-11 主营收入与投入关联系数表

关联系数 投入因素 制造业类型	通信设备制造业	雷达及配套设备制造业	广播电视设备制造业	电子器件制造业	电子元件制造业	家用视听设备制造业	其他电子设备制造
X_1	1	0.9631	0.964	0.3754	0.3333	0.4962	0.9715
X_2	1	0.9945	0.9694	0.4372	0.3663	0.7269	0.9029

新产品与投入各因素关联系数见表 7-12。

表 7-12 新产品与投入关联系数表

关联系数 投入因素 制造业类型	通信设备制造业	雷达及配套设备制造业	广播电视设备制造业	电子器件制造业	电子元件制造业	家用视听设备制造业	其他电子设备制造
X_1	1	0.8931	0.9802	0.5195	0.8582	0.3333	0.8068
X_2	1	0.9362	0.9716	0.7496	0.7942	0.5011	0.9762

利润总额与投入各因素关联系数见表 7-13。

表 7-13 利润总额与投入关联系数表

关联系数 投入因素 制造业类型	通信设备制造业	雷达及配套设备制造业	广播电视设备制造业	电子器件制造业	电子元件制造业	家用视听设备制造业	其他电子设备制造
X_1	1	0.9766	0.9467	0.523	0.3333	0.6167	0.909
X_2	1	0.9545	0.9505	0.6096	0.3565	0.8619	0.8341

发明专利申请数与投入各因素关联系数见表 7-14。

表 7-14 发明专利与投入关联系数表

关联系数 投入因素 制造业类型	通信设备制造业	雷达及配套设备制造业	广播电视设备制造业	电子器件制造业	电子元件制造业	家用视听设备制造业	其他电子设备制造
X_1	1	0.812	0.9302	0.6301	0.4353	0.7978	0.6171
X_2	1	0.8726	0.9175	0.3897	0.3333	0.3428	0.791

关联度，见表7-15。

表 7-15　关联度表

产出因素 投入因素	主营业务收入 （Y_1）	新产品 （Y_2）	利润总额 （Y_3）	发明专利申请数 （Y_4）
科学家和工程师（X_1）	0.73	0.77	0.76	0.75
经费（X_2）	0.77	0.88	0.8	0.66

由此可以看出，2008年电子及通信设备制造业的人力资源（科学家与工程师）和资本资源（R&D经费）投入与该领域的主营业务收入（Y_1）0.73<0.77、新产品收入（Y_2）0.77<0.88、利润总额（Y_3）0.76<0.8，以及发明专利申请数（Y_4）0.75>0.66之间的关联度，说明在四个基本项目中只有发明专利申请数科学家与工程师的关联度更高；其他三项均是R&D经费的关联度高。表明在我国电子及通信设备制造业领域人力资源的效率确实有待提高。

2. 协同分析的其他模型

在对信息生态协同要素及子系统之间的关系用灰色关联度的方法进行判断之后，这里仅就其协同进行简要的量化分析。需要说明的是，信息运动生态系统是一个复杂的系统。因此，很难用一个统一的模式来架构和综合分析，即使是AHP法、社会网络方法等也难以实现。因此先将有关的协同模型归纳，见表7-16。

表 7-16　协同效果相关模型

提出者	模　型	要　素	出　处
单泗源 张人龙	信息流协同： $$R_c(t) = \frac{I_e(t)}{I_z(t)} \times 100\%$$	$R_c(t)$为第t期的信息化率；$I_e(t)$为第t期通过质量信息平台的信息量；$I_z(t)$为第t期的信息总量	基于定制—NET DEA模型的MC质量链过程协同分析研究. 科技管理研究，2009，(4)：173-175
赵扬 郭明晶	信息资源协同： $$F = f\Big(f_1(o), f_2(r), f_3(t), f_4(m)\Big)$$	$f_1(o)$为组织管理协同；$f_2(r)$为人力资源协同；$f_3(t)$为技术协同；$f_4(m)$为经费协同	分布式信息资源协同配置机制研究. 图书情报工作，2008，(6)：71-74，123

续表

提出者	模　型	要　素	出　处
鄢飞 董千里	物流网络协同： $$\begin{cases} SE = F(S) \times \sum_{i=1}^{n} F(x_i) \\ S = f(x_1, x_2, \cdots, x_n) \end{cases}$$	SE 为协同效应；$F(x_i)$ 为要素 x_i 产生的效用；$F(S)$ 为系统 S 产生的效用	物流网络的协同效应分析. 北京交通大学学报（社会科学版），2009（1）：28-32
王晓斯	企业技术创新系统协同： $$c = \text{sig}(\cdot)$$ $$\sqrt{\mid u_1^1(e_1) - u_1^0(e_1) \parallel u_2^1(e_2) - u_2^0(e_2) \mid}$$ $$\text{sig}(\cdot) =$$ $$\begin{cases} 1, & u_1^1 1(e_1) - u_1^0(e_1) \geqslant 0 \text{ 且 } u_2^1(e_2) - u_2^0(e_2) \geqslant 0 \\ -1, & \text{其他} \end{cases}$$	对于给定的初始时刻(或某个特定的时间段)t_0 而言，在技术创新系统中，动力子系统序参量的系统有序为 $u_1^0(e_1)$，效率子系统的有序度为 $u_2^0(e_2)$。如果发展时刻 t_1 时的动力子系统需参量的系统有序度为 $u_1^0(e_1)$，效率子系统的有序度为 $u_2^1(e_2)$，且 $u_1^1(e_1) \geqslant u_1^0(e_1)$，$u_2^1(e_2) \geqslant u_2^0(e_2)$ 同时成立，说明动力和效率两个子系统从 t_0 到 t_1 的发展是协同的	冶金企业技术创新系统协同评价研究. 2007，天津：天津大学硕士学位论文
高辉	区域品牌系统协同度： $$cm = \theta_k \sqrt{\mid \prod_{j=1}^{k} [u_j^1(e_j) - u_j^0(e_j)] \mid}$$ 式中，$\theta_k =$ $$\frac{\min_j \{ [u_j^1(e_j) - u_j^0(e_j)] \neq 0 \}}{\mid \min_j \{ [u_j^1(e_j) - u_j^0(e_j)] \neq 0 \} \mid}$$ $$(j = 1, 2, \cdots, k)$$	就初始时刻 t_0 而言，设复合系统各子系统序参量的系统有序度为 $u_j^0(e_j)$，$j = 1$，$2, \cdots, k$，则对于系统在发展演变过程中的时刻(或时间段)t_1 而言，如果此时系统各子系统序参量的有序度为 $u_j^1(e_j)$，$j = 1, 2, \cdots, k$，则系统协同度可为左栏模型。$cm \in [-1, 1]$，其值越大，系统协同发展的程度越高，反之则越低。参数 θ_k 为当且仅当 $u_j^1(e_j) - u_j^0(e_j)$ > 0，$\forall j \in [1, k]$ 成立时，系统才有正的协同度	基于产业集群理论的区域品牌评价及发展研究. 天津：天津大学硕士学位论文

在这些模型中，尽管有不同领域的协同效果判断问题，但是其协同的理念和思路确实值得借鉴，如鄢飞和董千里在《物流网络的协同效应分析》中认为协同是为实现系统总体发展目标，各子系统、各要素之间通过有效的协作，科学的协调，以达到整体和谐的动态过程，是各个子系统、子要素从无序到有序、从低效到高效的运作发展过程。一般来说，系统的各要素、各子系统在运作过程中，由于协同行为会产生出不同于各要素及各子系统的单独作用，所产生的系统整体效用就可以理解为协同效应。协同效应通常有以下 3 种情况：①协同正效应，SE>0。协同正效应指系统各要素之间通过相互作用而产生整体效应的增值，即超过各个组成部分的效应之和，通常理解为 1+1>2 或 2+2=5。此时，f 是一个非线性函数。这种增值主要表现为在资源整合和优化基础上资源利用率的增大、系统运作效率的提高、系统整体成本的节约、效益的增加等。②协同负效应，SE<0。协同负效应指系统各要素之间的相互作用而产生整体效应的贬值，即低于各个组成部分的效应之和。此时，f 是一个非线性函数。这种贬值主要体现为系统运作效率的降低、资源的浪费或由于协调不当引起协调成本高于协同效益等。③无协同效应，SE=0。其产生主要有两种情况：其一，系统只是各个子系统简单的迭加，子系统之间并不存在任何相互作用，其二，由于系统整合或协同的复杂性，协调成本等的增加刚好抵消了协同增值效益①。

7.5 协同效果

在对信息运动生态协同效果判断时，首先应该明确协同指标的量化问题，因为在该系统中，既涉及信息外生态因素、内生态因素，而且涉及信息运动生态因素等，进而不同的子系统中的有关要素在系统整体中所起的作用是不同的，其地位也是不同的。因此对其进行量化时的描述是不同的，如在信息运动子系统中，无论是从信息生产、信息组织、信息传播和转化等，都有一个核心的要素，即信息流。因此要特别关注信息流的变化情况。

在对协同效果进行分析时要把握几个原则，即整体性原则、协同性原则、互影响原则和动态原则等。在不同领域的生态系统中也是适用的，如王沪宁在《行政生态分析》中认为"行政生态系统与生态系统不同，生态系统在不受干扰的情况下，可以通过自然界的组合和分化达成自然的生态平衡。行政生态系统一

---

① 鄢飞，董千里. 物流网络的协同效应分析. 北京交通大学学报（社会科学版），2009，(1)：28-32.

般难以做到自动平衡，因为它更多地依人们的意志为转移，所以认知行政系统动态平衡的重要性是尤其重要的。行政生态系统的生态平衡大体上有行政系统与社会圈之间的平衡、行政生态系统的平衡和行政系统内部的平衡，分解开来，又是行政系统与自然生态、社会生态、经济生态、文化生态、心理生态、生理生态等生态形式的平衡。"这种平衡表现在：第一，行政系统与社会圈之间能量变换的容量平衡。第二，行政系统与社会圈能量变换的比例平衡。第三，行政系统与社会圈能量变换的速度平衡。[①]

首先，从整体性的角度讲，如在信息运动生态体系中，既规定了信息内外生态和信息运动链。这就要求我们在考虑信息运动链之间的协同效果时，尤其要考虑其内外生态的协同效果，以及它们之间的整体效果。如果从更加广泛的角度看，牛文元将可持续发展总能力系统地分解为 249 项要素、45 个指数、16 个模型和 5 个系统，采取有序的逐级递归，经过 2.0 亿次的计算，获取了中国可持续发展总能力的可靠数据，从而提出中国可持续发展战略的基本方针为："控制人口、节约资源、保护环境、维持稳定、科学决策。"[②] 同时列出了 24 个基本指标"按人平均 GNP（1990 年美元不变价格）、年平均增长速率、总能源需求、人口净增长率、人口数量、老年人口数量、劳动人口数量、人均生物量、人均粮食、人均耕地、人均林地、人均草地、人均肉禽量、单位 GNP 的能量消耗（以 1990 年数值作为 100）、废气排放、废水排放、废渣排放、CO_2 排放、SO_2 排放、CFC 排放、土壤侵蚀、森林覆盖率、沙漠化、工业耗水量。"[③] 对中国 1990～2030 年的环境与可持续发展问题进行预测。这里我们不对其指标体系的内涵和科学性进行评价，但至少可以提示我国在今后一段时间内要实现可持续发展，就应该从人口、资源、环境、社会形势和管理与决策五个方面的子系统的 24 项基本要素之间的协同发展进行重点考虑。

其次，从协同性原则的角度看，就是要关注信息种群在一系列的信息活动过程中与信息内生态的直接协同作用和与信息外生态的间接协同作用。

再次，从互影响原则的角度看，我们过去在强调信息种群这个主体时，往往较多地关注内外生态对主体的影响，如政策、技术、文化、信息政策、信息技

---

① 王沪宁. 行政生态分析. 上海：复旦大学出版社，1989.

② 牛文元. 1997. 21 世纪中国的环境与可持续发展能力//李政道，周光召. 绿色战略. 青岛：青岛出版社.

③ 牛文元. 21 世纪中国的环境与可持续发展能力//周鸿. 人类生态学. 北京：高等教育出版社，2001：220-223.

术、信息文化等对信息生产者、信息组织者、传播者、用户和转化者等的基本影响，而忽视信息种群主体对信息内外生态的反作用和影响。例如，在一个信息空间，如果由于信息生态出现失衡，那么可能导致信息种群的迁移，从而将会使信息生态链断裂，这样就会迫使该空间或区域内信息生态发生调整和变化，具体如政策目标、政策内容等发生变化，否则将会造成战略层面上的信息失衡。

最后，从动态原则的角度看，由于信息生态系统属于社会系统的范畴，必然会受社会发展、技术进步、产业结构调整、发展转型，乃至区域自然生态变化的影响而不断变化，于是如果以静态的思维来判断协同效果，必然会造成很大的偏差，因为在动态发展的过程中，无论是对信息运动生态系统整体而言，还是对各相关的子系统来说，甚至从各子系统的系统要素来看都是在不断变化中实现其自适应、自组织的。例如，单泪源和张人龙认为大规模定制协同指标从动态协同的角度可以分为质量流协同指标、工作流协同指标、价值流协同指标、信息流协同指标四类。质量流协同指标包括质量体系认证、设计研发能力、工序能力等；工作流协同指标包括产量柔性、时间柔性计划调整能力、生产准备时间及其改进率等；价值流协同指标包括有关质量的成本改进及其改进率等；信息流协同指标包括有关质量信息化率及其改进率、信息及时准确率及其改进率等。该文采用动态指标和静态指标的结合来反映过程的协同。[①]

如果说上述观点还有微观的色彩，那么这里引入一个概念，即"深层生态学"，所谓深层生态学主要是指将生态学引入整体思想，将以人为中心转向整体生物为中心，将生态问题与绿色政治联系在一起，将后现代主义的理念引入传统的生态学思想中。在这种体系之下它将成为可持续发展的基本支撑和前提。作为可持续发展的基本前提，可持续发展战略在当代的社会层面必须优先解决两方面的问题：贫穷国家人民基本生活需要的满足问题和富国人民消费方式转变的问题。因此，可持续发展观有两个重要的概念：一是"需要"的概念；二是"限制"的概念。前者尤指世界上贫困人民的基本需要，需将此放在特别优先的地位来考虑。后者则是技术状况和社会对环境满足眼前和将来需要的能力施加的限制。[②]这种需求与限制的协同更具宏观性。

该问题从上面的定量分析中也可看见一些端倪。首先，从灰色关联分析的角

---

① 单泪源，张人龙．基于定制—NET DEA 模型的 MC 质量链过程协同分析研究．科技管理研究，2009，(4)：173-175.

② 世界环境与可持续发展委员会．绿色经典文库．我们共同的未来//雷毅．深层生态学思想研究．北京：清华大学出版社，2001：130-134.

度看，由于信息运动生态系统具有一定的灰度，同时信息的内外生态和信息运动之间从理论上讲是有着密切关系的，但是具体的关系如何？应该借助灰色关联分析方法来解决此类问题。从而进一步确认各子系统之间的关联度、确认各相关要素之间的关联度，目的在于为信息运动生态协同效果的评价研究打好较为坚实的基础。其次，从协同学方法的角度看，主要判断系统之间通过相应的序参量、控制参量、自适应性等对其整体效果进行综合判断。

7.6 协同演进

判断信息的协同效果，除上述一系列问题以外，很重要的一点是要考虑该协同效果是否有利于整体系统的共生共发展，尤其是共发展和演进问题。"演进"（coevolution）一词最早是由埃利希（Ehrlich）和雷文（Raven）1964 年在描述植物与植食昆虫对彼此进化可能产生的影响中提出来的。到 1976 年，拉夫加登（Roughgarden）将协同演进的内涵更加拓展并具体化。更广泛地定义为这样一种进化：在这种进化中，每一基因型的适应度依赖于种群的密度、该物种自身以及受它影响的其他物种的基因组成。克里斯托弗（Christopher）和理查德（Richard）（1997）则认为在一个特定的生态系统中，由于各种物种在生态上存在着直接或者间接的联系，因此，当其中一个物种进化时，可能会改变作用于其他生物的选择压力，从而引起其他生物的适应性变化，而这种变化将会引起相关物种的进一步变化。所以，生物的演进并不是单独进行的，而是在对其他相关物种产生影响并且又受其他物种及环境影响的双重作用下"协同"进行的[①]。

信息运动生态协同演进问题也是如此。首先，从物种角度看，在该生态领域，信息种群和信息人是演进的主体。只有他们之间相互适应、相互影响、相互作用等，才能出现或者产生连锁的反应，促进其共生与共发展，也就是说才能实现共同演进。其次，随着社会和技术的不断发展，信息、技术与知识在社会中的主体地位或不可替代的地位将会更加凸显。因此，全社会从事信息活动的人所占劳动者的比例也将会日益增加，成为一种不可或缺的社会发展力量。因此其协同效果将会越来越受到关注。再次，信息种群或信息人应该理解为一个广义的概念。早期在这方面的研究中，多数仅将信息生产、组织、传播和信息消费者作为信息种群或信息人，这有一定的局限性，因为这些信息活动可以理解为独立的，

---

① 李勇，郑垂勇，杨国才．企业集群竞争协同演进模型研究．科技管理研究，2007，（6）：208-211.

但并不是孤立的，必然会受到其内外生态环境的制约和影响。因而，有必要将信息活动的内外生态中从事一系列与信息有关活动的种群或人纳入信息种群和信息人的范畴。例如，信息运动外生态中的政策制定者、技术占有或开发者、经济决策者、文化教育者等，信息内生态中的信息政策的制定和执行者、信息技术拥有和开发者、信息经济决策者、信息文化教育者等。前者如果是信息活动的基础和保障，那么后者将是信息活动的直接推动者。正因如此，我们在图 7-6 中将信息外生态界定为元动力，因"元"有始初之意，而将信息内生态界定为动力。基于此，信息源运动生态如何实现共同演进？我们将从以下方面展开。

7.6.1 协同演进关系

从语义的角度讲，演进（gradual progress 或 evolution）为演变进化的简称，强调演变过程中的进化。它和演变、演化不同，演变（develop 或 evolve），历时较久的发展变化，如宇宙间一切事物都在不断演变的；演化（evolution），多指自然界的变化，如生物演化①。演进包含着共生、共存共发展的基本理念。

从演进的一般理论看，拉夫加登将进化定义为"每一基因型的适应度依赖于种群的密度、该物种自身以及受它影响的其他物种的基因组成。"而前述克里斯托弗和理查德则认为"协同演进是指两个或更多的物种通过相互关联的适应度的同时进化。"② 从此定义可以看出，在一般的演进过程中，首先强调的是关联基础上的适应度问题。说明无论是一般的生态学领域物种的起源与进化，还是社会网络系统中社会人之一的信息种群或信息人的生存与发展必然不是孤立的，而是相互关联、相互作用、相互推动共同发展的。

从发展的角度说，王沪宁在《行政生态分析》中认为"行政生态平衡不是静止的。社会要发展，人类要前进，行政系统也总是要向前运动的。"③

从这些有关理论中我们可以看出，协同演进的基本要素包括物种、适应度、共同发展性及平衡点。因此具体到信息生态领域，从信息种群密度、信息环境容量、竞争与适应度来探究其共同演进是我们应该关注的问题。这里需要说明的是，对信息运动生态的协同演进问题进行研究时应该注意：一是该生态系统与自然生态系统有一定的共性，说明可以借助自然生态协同演进的基本理论或思想进

---

① http://zhidao.baidu.com/question/10617739 ［2010-07-19］.
② 李勇，郑垂勇，杨国才. 企业集群竞争协同演进模型研究. 科技管理研究，2007，(6)：208-211.
③ 王沪宁. 行政生态分析. 上海：复旦大学出版社，1989.

行分析；二是信息生态系统有其独特性，即信息的可重复利用性、信息资源的不断增长性，这些是自然生态不可比拟的。例如，在自然生态系统中的水资源、矿资源、森林资源等不具有重复使用性，尤其是一些稀缺资源更是如此。以下将从信息种群密度、信息种群竞争适应度等方面来分别阐述演进问题。

7.6.2　协同演进的具体阐释

1. 信息种群密度

从信息种群密度的角度讲，种群密度（population density）是指每一种群单位空间的个体数（或作为其指标的生物量）称为种群密度，也称个体密度或栖息密度。不同的种群密度差异很大，同一种群密度在不同条件下也有差异。因此，信息种群密度则是指每一信息种群在单位空间的个体数。由于种群密度的不同所表现出的竞争与协同也是不同的，在表 7-1 中我们设计的信息运动生态协同的内涵中可以发现，涉及的信息种群的密度是相当大的，即使在一个有限的空间，可以说其生态体系中的不同信息种群几乎都会包含在内，如一所图书馆，既包含信息生产者、信息组织者、信息传播者和信息利用者，也包含图书馆教育者、文化建设者、技术开发与应用者等。如果笼统地讲，可以统称为信息种群，如果按照其性质和类型划分，他们并不属于一个信息种群。在这样一个很有限的空间范围内，信息种群密度之大是确实存在的现象。

2. 信息种群竞争适应度

从竞争与适应度的角度看，信息种群协同的关键问题是必须找到种群之间的协同点，即适应度的问题。还用图书馆的例子说明，早期在图书馆管理的过程中采用定量管理的模式或定额管理，为了使其活动的目标统一，对不同的信息人进行业务量化，包括查重工作量、分类工作量、编目工作量、其他加工工作量、借阅工作量、参考服务工作量等，目的是在推动图书馆整体的业务工作。而为什么定量管理逐渐被目标管理和全面质量管理所取代，主要是因为所谓定量管理实际上是早期的法约尔古典学派的思想，将人作为机器一样，并没有考虑图书馆人员的素养、技能、价值观、个体能动性等，使得图书馆整体发展始终处于比较落后的地位。因为在量化管理的过程中往往很难将不同种群工作活动的内涵用量化的方式进行科学揭示，所以很难找到种群的适应度。

在信息种群内部有信息人个体之间的适应问题，在不同信息种群之间也有适应度的问题，而在混群与信息种群之间仍然存在适应度的问题等。那么究竟如何考虑其适应度？我们认为应该借鉴 Lotka-Volterra 模型，因为在其四种竞争状态中只有第四种是处于稳定平衡态。这样我们就可以对信息种群进行具体分析。

Logistic 曲线方程是生物数学家维哈尔斯特（P. F. Verhulst）于 1938 年为研究人口增长过程而导出。……Logistic 曲线方程既应用于社会经济现象研究，也广泛应用于动植物生长发育或繁殖过程等研究。其特点是开始增长缓慢，而在以后的某一范围内迅速增长，达到某限度后，增长又缓慢下来。曲线略呈拉长的"S"型。[①] Logisitic 曲线大致呈"S"型增长，也基本可以描述协同发展的基本脉络。具体来说，逻辑斯蒂增长模型（Logistic growth model）也称自我抑制性方程，是用植物群体中发病的普遍率或严重度表示病害数量 x，将环境最大容纳量 k 定为 1（100%），逻辑斯蒂增长模型的微分式是

$$\frac{\mathrm{d}x}{\mathrm{d}t} = rx(1 - x) \tag{7-1}$$

式中，r 为速率参数，来源于实际调查时观察到的症状明显的病害；$(1-x)$ 为修正因子。该修正因子的出现，使模型增加了自我抑制作用。逻辑斯蒂增长模型应用已经很广泛，如即使在信息传播领域也通过改进的逻辑斯蒂增长模型的微分式进行研究，如维基百科提出的概括模型。

$$p = \frac{1}{1 + Be^{-bt}} \tag{7-2}$$

式中，p 为已知信息的人口比例；t 为从信息产生算起的时间；$B = e^{-t}$，为常数，可由初始时刻的概率值确定；b 为常数，亦可计算得出。

其认识是所谓信息传播可以是一则新闻，一条谣言或市场上某种新商品有关的知识。在初期，知道这一信息的人很少，但是随时间的推移，知道的人越来越多，到一定时间，社会上大部分人都知道了这一信息。这里的数量关系可以用逻辑斯蒂（logistic）方程来描述。例如，当某种商品调价的通知下达时，有 10% 的市民听到这一通知，2h 以后，25% 的市民知道了这一信息，由逻辑斯蒂方程可算出有 75% 的市民在 6h 后可了解这一信息。后来 Lotka 和 Volterra 在逻辑斯蒂方程的基础上提出了种间竞争关系的协同演进模型。就 Lotka-Volterra 模型来说，从种间竞争关系的角度可以反映物种之间基于竞争的协同演进问题，而实际上 Lotka-Volterra 种间竞争模型是对逻辑斯蒂模型的延伸。因为从二者的方程上看，

---

① 崔党群. 生物统计学//崔党群. Logistic 曲线方程的解析与拟合优度测验. 数理统计与管理，2005，(1): 112-115.

确实有一定的相同之处，如将逻辑斯蒂的微分式用于研究新产品市场需求量时，尽管形式与式（7-1）相同，但内涵有所不同。

$$\frac{\mathrm{d}x}{\mathrm{d}t} = rx(1 - x) \tag{7-3}$$

式中，x 为需求量；t 为某时刻（时间段）；r 为比例系数，总容量为 1。

为了说明问题，利用 Lotka- Volterra 种间竞争模型对信息生产者种群，$R_1(t_1)$ 中的数据生产者 $R_1(t_1)_1$ 和信息生产者 $R_1(t_1)_2$ 两个信息种群进行分析。

（1）依据逻辑斯蒂方程设定一些参数（为了避免模型中的符号重复交叉，因此将 $R_1(t_1)_1$ 和 $R_1(t_1)_2$ 分别用 N_1、N_2 表示）。N_1、N_2 分别为两个信息种群的数量；K_1、K_2 分别为两个的信息种群环境容量；r_1、r_2 分别为两个信息种群的种群增长率。

（2）根据逻辑斯蒂方程的基本原理可建立如下关系式。

$$\frac{\mathrm{d}N_1}{\mathrm{d}t} = r_1 N_1 \left(1 - \frac{N_1}{K_1} \right) \tag{7-4}$$

由此可知，其中 N/K 应该是信息种群已经利用的环境容量，实际是表示该式中的 x，$1-N/K$ 则为信息种群未利用的环境容量。如果式（7-4）中只有信息种群 N_1 利用该同一环境，那么该式就是信息种群 N_1 的增长关系式。而事实上并非如此，因为这样就不会在信息种群之间产生竞争。而如果信息种群 N_1、N_2 都在利用同一信息环境时，这时研究信息种群 N_1 的增长情况还要考虑 N_2 已经利用了的信息环境量（$\alpha N_2/K_1$），则式（7-4）就可变换为

$$\frac{\mathrm{d}N_1}{\mathrm{d}t} = r_1 N_1 \left(1 - \frac{N_1}{K_1} - \frac{\alpha N_2}{K_1} \right) \tag{7-5}$$

式中，α 为 N_2 对 N_1 的竞争系数，即每个 N_2 个体所利用或占用环境相当于 α 个 N_1 个体所利用或占有的环境。既然 N_2 对 N_1 的竞争系数为 α，那么 N_1 对 N_2 的竞争系数可用 β 表示，同理，即每个 N_1 个体所利用或占用的环境相当于 β 个 N_2 个体所利用或占用的环境（$0<\alpha<1$，$0<\beta<1$）。这样就又有

$$\frac{\mathrm{d}N_2}{\mathrm{d}t} = r_2 N_2 \left(1 - \frac{N_2}{K_2} - \frac{\beta N_1}{K_2} \right) \tag{7-6}$$

（3）关系分析。这里需要说明一下信息种群的竞争系数，从种间竞争系数（competition index among species）方面说，实际上是一个信息种群的相对优势度。我们认为这里竞争系的计算应该利用第 5 章信息生态位中所介绍的沃尔泰拉种群竞争公式中的竞争系数模型或迪米克的竞争优势模式。因为在这个实例研究中实际是研究两个信息种群在利用或占有信息环境方面的竞争问题。

接着，如果判断其竞争，我们可以换一个角度理解，即 α 和 β 分别可以说成 α 为 N_2 对 N_1 的竞争优势的体现，而 β 则为 N_1 对 N_2 的竞争优势的体现。既然如此，正如前面所设置的参量 N_1、N_2 的环境利用或占有量分别是 K_1、K_2，那么 N_1 中每个信息种群个体对自身种群的增长抑制作用为 $1/K_1$；N_2 中每个信息种群个体对自身种群的增长抑制作用为 $1/K_2$。

再结合式（7-5）和式（7-6），则 N_2 中每个信息种群个体对 N_1 的影响为 $\dfrac{\alpha}{K_1}$；N_1 中每个信息种群个体对 N_2 的影响为 $\dfrac{\beta}{K_2}$。

因此，当 N_2 可以抑制 N_1 时，说明 N_2 的影响较大，这种影响已经超过对其自身的影响，则有 $\dfrac{\alpha}{K_1}>\dfrac{1}{K_2}$；当 N_2 不能抑制 N_1 时，说明 N_2 的影响较小，这种影响已经小于对其自身的影响，则有 $\dfrac{\alpha}{K_1}<\dfrac{1}{K_2}$。同理，当 N_1 可以抑制 N_2 时，说明 N_1 的影响较大，这种影响已经超过对其自身的影响，则有 $\dfrac{\beta}{K_2}>\dfrac{1}{K_1}$；当 N_1 不能抑制 N_2 时，说明 N_1 的影响较小，这种影响已小于对其自身的影响，则有 $\dfrac{\beta}{K_2}<\dfrac{1}{K_1}$。

这时我们站在环境的角度，对以上四种模式进行处理，可以得到：$K_2>\dfrac{K_1}{\alpha}$（N_2 拟制 N_1）；$K_2<\dfrac{K_1}{\alpha}$（N_2 不能拟制 N_1）；$K_1>\dfrac{K_2}{\beta}$（N_1 拟制 N_2）；$K_1<\dfrac{K_2}{\beta}$（N_1 不能拟制 N_2）。于是就可以得到关于物种 N_1、N_2 四种竞争可能：①当处于 $K_1>\dfrac{K_2}{\beta}$ 和 $K_2<\dfrac{K_1}{\alpha}$ 状态时，N_1 总能获胜；②当处于 $K_2>\dfrac{K_1}{\alpha}$ 和 $K_1<\dfrac{K_2}{\beta}$ 状态时，N_2 总能获胜；③当处于 $K_1>\dfrac{K_2}{\beta}$ 和 $K_2>\dfrac{K_1}{\alpha}$ 状态时，N_1、N_2 均有可能获胜但处于不稳定态；④当处于 $K_1<\dfrac{K_2}{\beta}$ 和 $K_2<\dfrac{K_1}{\alpha}$ 状态时，N_1、N_2 均不可能拟制对方，处于稳定平衡态。

而如何判断其平衡稳定呢？从式（7-5）和式（7-6）看，只有两式分别为 0 时[1]，即

---

[1] Lotka- Volterra 模型 . http：//baike. baidu. com/view/2453476. html？tp=0_01 ［2010-07-19］.

$$\frac{\mathrm{d}N_1}{\mathrm{d}t} = r_1 N_1 \left(\frac{1 - N_1}{K_1} - \frac{\alpha N_2}{K_1} \right) = 0 \qquad (7\text{-}7)$$

$$\frac{\mathrm{d}N_2}{\mathrm{d}t} = r_2 N_2 \left(\frac{1 - N_2}{K_2} - \frac{\beta N_1}{K_2} \right) = 0 \qquad (7\text{-}8)$$

根据式（7-7）和式（7-8），我们可以建立以 K_1 为横坐标，K_2 为纵坐标，可以建立 N_1 和 N_2 环境等值线，如图 7-3 所示。

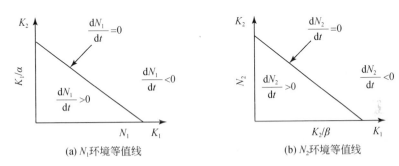

图 7-3　N_1 和 N_2 环境等值线

如果将这两个等值线叠合起来我们将会发现对四种竞争可能：①、②没有焦点，也就是说没有平衡点；③有焦点，但不稳定，而④则是比较稳定的平衡态。

尽管这是对两个信息种群竞争协同的描述，但原理是相同的，如果根据该基本原理就可以找出所有信息种群之间的竞争关系及其平衡点。

3. 信息运动过程协同

利用一些定量模型研究信息种群之间的协同问题，可以帮助我们认识在一个生态系统中不同信息种群的资源占有、增长或衰减。由于信息种群始终处于动态的环境中，因此这里主要就信息运动过程的协同问题进行说明。例如在图 7-1 和表 7-1 所反映的信息运动链中，从信息生产到信息组织再到信息传播最后进入信息消费和转化过程，这实际上是主要信息种群的信息活动全过程。该过程的协同发展有两个方面的问题，即主要过程协同、主要过程关联度较高的其他过程之间的协同，如图 7-4 所示。

图 7-4 说明信息活动过程中的协同不仅仅是信息运动链上的协同问题，实际还涉及与运动链节点相关的其他活动过程。例如，在信息生产领域要实现信息的基本价值、提升信息生产水平和能力，首先是生产目的与宏观行业政策法律之间的协同问题，也就是说对 R_8、R_4 等理解选择与适应的问题；其次要充分与市场结合研究市场容量和市场潜力、信息生产成本价值等。也就是说在信息生产活动

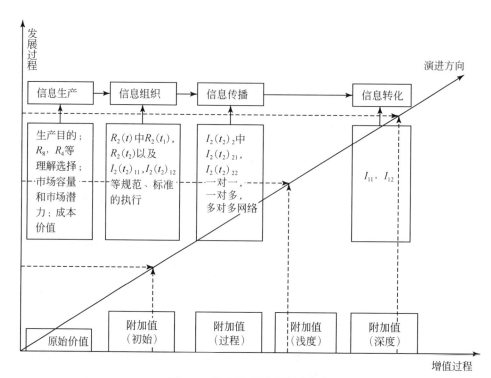

图 7-4　信息活动过程协同演进

与信息组织等协同之前，先要弄清自身的协同问题。在信息组织活动中既要考虑一般的信息组织标准和规范的内涵，更要关注这些相关的组织标准规范的具体执行，乃至信息组织者对其的理解认识以及可能产生的行为偏差等，这样才有可能组织好信息。在信息传播领域主要是信息传播渠道和传播效果，其中间环节是降低信息污染等问题。而在信息转化领域主要考虑信息转化速率和转化效果之间的协同问题，如管理学上所讲的效率与效益的适应度问题。以上是从协同内容上讲的。从可持续发展的角度讲，通过信息运动链的协同不仅可以不断提升信息组织的速率和质量，以及信息种群的整体素养和水平，而且可以促使信息活动向更高层次发展。因此图 7-4 所描述的就是过程的协同、要素内涵的协同、价值增值的协同等，在各自维度演化时所形成的合力，才是信息过程协同的真正发展方向。

4. 协同演进研究中需要注意的问题

讲到信息运动生态的整体协同问题，我们认为从宏观方面说是指要素之间、子系统之间、整体系统之间的协同问题。对于协同模型（图 7-1）要素及要素关系（表7-1）以及第3章信息生态系统描述中都进行了较多的分析。这里特别强调需要关注序参量、适应性、可逆与不可逆这三个问题。

1）序参量问题

对不同的系统来说，由于其性质不同，不同的系统序参量的物理意义也不同。所以其序参量和控制参量的表现也是不同的。有成果认为序参量的大小可以用来标志宏观有序的程度，当系统是无序时，序参量为零。当外界条件变化时，序参量也变化，当到达临界点时，序参量增长到最大，此时出现了一种宏观有序的有组织的结构。另外，所谓序参量是指在一定程度上能够测度系统协同程度的参量。为系统自组织结构形成提供充分的外部保障的参量。对于这样一个复杂系统，如何发挥序参量的主导作用，合理运用控制参量，使各个子系统通过非线性作用产生协同效应，促进系统自组织结构的形成，是引导政府信息增值服务保障系统有序发展的关键。应以协同学理论为基础，以政府信息增值利用效益最优化为序参量，对于政府信息增值利用保障系统，政府干预可以看作是系统的控制参量，为系统自组织结构的形成提供充分的外部保障。[①] 再从协同学的角度出发，序参量本来是源于相变理论，而协同学引入序参量之后，其序参量概念有如下特点：①由于协同学研究的是由大量组分构成系统的宏观行为，所以引入的序参量是宏观参量，用于描述系统的整体行为；②序参量是微观子系统集体运动的产物、合作效应的表征和度量；③序参量支配子系统的行为，主宰着系统演化过程。[②]

为了进一步研究序参量的基本问题，这里可以从不同领域来阐述，如在企业进化的序参量认识问题上，不同的学者在不同的角度有不同的看法。20世纪30年代，经济学家熊彼特认为"企业家精神"就是企业进化过程中的序参量。刘刚在《企业成长之谜》一文中认为，"知识的创新"是企业的序参量。李朝霞在其博士论文《企业进化机制》中认为，"问题"是企业进化的原动力，即序参量。而庞永和赵艳萍认为企业核心竞争力是企业协同的序参量[③]。从不同成果的表述看，仅仅是企业进化研究领域就提出了"企业家精神""知识创新""企业问题""核心竞争力"等不同的表述，那么到底企业进化的序参量是什么？我们不妨再进一步理解哈肯的思想。哈肯发现，不同参量在临界点处的行为是不同

---

① 周涛. 政府信息增值利用保障机制研究. 中国科技资源导刊，2009，41（3）：5-9.

② http://www.niec.org.cn/qyxxh/jcllqy18.doc［2010-06-29］.

③ 庞永，赵艳萍. 基于序参量的企业协同分析. http://www.gotoread.com/mag/5677/contribution77097.html［2010-03-26］.

的，绝大多数参量在临界点附近的阻尼大，衰减快，对转变的进程没有明显的影响；只有一个或几个参量会出现临界无阻尼现象，它不仅不衰减而且始终左右着演化的进程。哈肯把前者称为快变量，而将后者称为慢变量。慢变量主宰着系统的演化进程，决定演化结果出现的结构和功能，这就是表示系统有序程度的序参量。例如，在由激活原子和光场构成的激光系统中，序参量是电场强度；在铁磁体的磁化过程中，序参量是磁化强度；在化学反应中序参量往往代表粒子数或浓度。哈肯继而提出了"支配原理"，即快变量服从慢变量，序参量由子系统协同作用产生，序参量又支配着子系统的行为。采用统计物理学中的绝热消去法，可得到只含有一个或几个参量的序参量方程，使方程中消去大量的快弛豫变量（fast relaxing variable）。这样，方程求解就大为简化。哈肯实际上得到了具有普遍意义的支配原理数学理论[①]。

由此出发，我们可以这样理解，序参量对系统而言，从变化的速度上看是慢变量，从内涵上看是广义慢变量，从功能上看是具有支配地位的慢变量，从影响程度上看是影响系统的进化的。对不同信息领域协同问题研究时，应关注信息种群素养、信息文化、信息种群的竞争力等序参量的要素问题。

2）适应性问题

（1）方法适应性。由于信息运动生态是一个多维复杂的巨系统，在对其协同效果的评价过程中，不是单一方法能够解决问题的，可能需要整体方法论来解决，因此对研究方法、评价方法等待选择和综合运用是应该进一步需要关注的问题。因为不同的方法在解决具体问题时的角度和侧重点是不同的，如约翰·福斯特（John Foster）和菲利普·威尔德（Phillip Wild）在研究稳定识别状态的解决方案时，就特别强调解决方案的适应性，因为这些解决方案的线性和稳定性的地方，可能是一系列控制（或分叉范围）参数，有助于将多维复杂系统降低到简单低维命令系统[②]，说明解决该问题的核心方法是建立参数模型，而参数模型建立的依据是将复杂多维系统变换成简单低维状态。具体而言，在对信息运动生态研究的过程中，涉及诸多方法，如信息运动生态的要素界定与选择方法、各要素之间的关联方法、子系统之间的连接方法，以及整体之间的协同方法等，要素分析方法、参数确定方法、参量选择方法等，甚至如专家调查方法、随机抽样方

---

① 丁裕国．横断科学的典范——协同学及其应用讲座（3）．http：//www. sciencenet. cn/blog/Print. aspx? id=43277［2010-03-26］.

② Foster J, Wild P. Economic evolution and the science of synergetics. Jurnarl of Evolutionary Economics, 1996，(6)：239-260.

法、层次分析方法、社会网络方法以及模糊评价法等。究竟哪些方法对于研究信息生态协同效果是比较有效可行的、关联度较高的、适应性较强的，确实需要认真研究。

（2）过程适应性。由于信息生态中的信息内外生态和信息运动过程都处于不断变化中，而这种变化往往是遵循一定的规律而发展的，这种规律的表现形式则又体现出其不同的过程性。例如，在图 7-2 信息运动生态协同模型中首先表现出三个基本层次，即由信息外生态构成的元动力层，由内生态构成的动力层，以及由信息主体活动构成的运动层。在不同的层面中又会表现出不同的运动过程，如在元动力层中（通常进行研究时多强调该层次对动力层和运动层的影响），实际上其要素之间的关系仍然体现出其过程性，如政策—教育—文化—科技—经济等。同时在不同层次之间又体现出一定的过程性，政策—信息政策—信息生产、组织、处理、传播、转化等。因此，强调过程的适应性就是要关注不同协同过程之间的协同性，如王宁等在《面向协同工作的信息流模型研究》中所提出的"一个协同过程 P 从满足预条件集 Φ 的某一个时间点开始，到满足结束条件 Θ 的某一个时间点终止。协同过程可以看成一种递归的形式，并最终归结到元活动 action（在某一抽象层次上不可再分的活动）。"[①] 在其协同过程中，"角色始终是活动的执行者，而且，为完成统一的组织目标，具有不同种类和不同程度信息的角色之间必然存在着协同关系，"既包含一般的顺序过程，也包含并行的过程，同样包含条件选择过程和条件迭代过程，还包含活动间的"与""或"和"异或"关系等。信息运动生态协同过程自然也应该包含这些基本过程，如在图 7-2 的三个层次模型中，信息运动链的一般活动过程是从信息采集与信息生产开始到对信息的组织处理，再到信息传播直至信息的利用与转化。而在并行过程中，如信息运动链上的每一项活动都可能受到信息元动力或动力层间接或直接的影响，相对于元动力中的政策、技术、经济、教育等有时可能同时对信息运动链中的某项活动产生一定的影响，而政策、技术、经济、教育等对该项活动的影响过程是并行的。即使动力层对信息运动链的影响也会出现这种并行的过程。而就条件选择和条件迭代过程而言，信息运动生态也表现出这些基本特征，如就信息传播来说，其条件包括传播者角色定位、渠道和传播控制等，仅就传播渠道来说，是单一渠道还是多元渠道？如果是多元渠道，是选择不同类型的渠道还是同类型（平面、立体和其他）中的不同渠道，这一点在表 7-1 中已经列出选择要素；再

---

① 王宁，王延章，于淼，等. 面向协同工作的信息流模型研究. 计算机科学，2005，32（10）：114-117.

从条件迭代的方面看，由于信息活动是递归的，因此在一般顺序中如信息生产—组织—传播—转化等，尽管每个环节都需要对其环境因素进行选择，如对信息政策的选择，在信息生产阶段所选择的主要是适用于生产要素和生产条件的政策规范（如信息与信息产品国家标准、技术规范等），而到信息组织阶段，尽管同样需要选择信息政策，但这时的信息政策主要是对信息组织进行调控和指导的相关政策（如信息编码政策标准、信息描述规范等），同样在后续的一系列活动中也将会出现这种情况。可见相对于前一项信息活动来说，后一项信息活动中的条件要素将会迭代前项的同类要素。在关系层面上，信息运动生态同样会表现出"与""或"和"异或"关系等。因此，有理由认为，对其进行协同研究，就要更加关注以角色为主体的信息运动过程之间的协同性。

3）可逆与不可逆问题

在图书情报学领域至今很少研究可逆与不可逆问题，但是我们认为对信息生态协同演进问题的探讨应该注意这一方面的问题。尽管该命题较大，但是至少可以为我们在研究中提供一些基本参照。国外不少学者对这个问题已经较为关注，且往往是将协同要素联系在一起进行研究的，如约翰·福斯特和菲利普·威尔德就明确将自组织（synergetics-self-organisation）、时间不可逆（time-irreversibility）和结构演进（evolution-structural change）等问题综合起来进行协同问题的探索①。

关于可逆（reversible process）与不可逆（irreversible process）问题的研究，应该提到鲁道夫·克劳修斯（Rudolf Clausius）和路德维希·玻尔兹曼（Ludwig Boltzmann）等。19世纪50年代克劳修斯通过他的熵概念，首次在数学上量化解释了热力学过程的不可逆性。他从热机效率的角度出发，发现正转变（功转变成热量）可以自发进行，而负转变（热量转变为功）作为正转变的逆过程却不能自发进行。原因就是这种负转变的发生则需要同时有一个正转变伴随发生，并且正转变的能量要大于负转变，事实上是意味着自然界中的正转变是无法复原的②。该观点揭示了其不可逆性。而波尔兹曼在19世纪70年代主要是以统计的角度对微观和宏观的分子活动进行研究，认识到从微观上看，单个分子的行为受到牛顿力学的制约，而包括牛顿力学在内的所有基础性物理定律都在时间反演下

---

① Foster J, Wild P. Economic evolution and the science of synergetics. Jurnarl of Evolutionary Economics, 1996, (6): 239-260.

② 克劳修斯. 熵与不可逆性. http://zh. wikipedia. org/zh-cn/%E4%B8%8D%E5%8F%AF%E9%80%86%E6%80%A7［2010-07-11］.

成立。也就是说单个分子的微观行为（如单个分子的运动和碰撞）是具有可逆性的。因此说明如果一个低熵的热力学系统随时间演化而到达了高熵的平衡态，从单个分子的微观角度来看这种演化是可逆的，即每个分子都有可能通过反演变换回到初始状态。但是对于整个具有大量分子数的宏观系统而言这是不可逆的，原因在于由于分子数量庞大，很难找到这样一种特殊情形能够使所有分子都满足回到初始状态的条件。而对于具有高熵的平衡态而言，可能的分子组态数量远比初始低熵的分子组态数量多得多，从而在统计意义下，几乎不可能出现这样使热力学系统获得负熵的可逆过程①。

从系统、时间及时间关系等方面看，王哲从不可逆热力学构建的静动态统一结构关系出发，证明了不可逆系统的稳定性，提出了三个准则可以分别用来判断系统是否处于稳定状态、不稳定状态和从稳定进入到不稳定的失稳临界状态。因为这一过程有一部分是不可逆的，所以整个循环过程是不可逆的。②李小博和朱丽君认为时间不可逆性的思想大大扩增了科学研究的深度和广度。知识的边界，一方面扩展到以 0s 到 10^{-3}s 为时间尺度的可观测的宇宙起源；另一方面延伸到揭开人脑的功能和机理，了解精神现象的生理基础，追问自我的深层奥秘。③

伊利亚·普里高津（Ilya Prigogine）认为时间不可逆（time-irreversibility）是常态，可逆是例外。这一点普里高津早就有过描述，他认为"自然界既包括时间的可逆过程，又包括时间的不可逆过程，但公平地说，不可逆过程是常规，而可逆过程是例外。"④

通过观察了解克劳修斯和波尔兹曼以及普里高津的研究及基本观点，说明可逆与不可逆问题已经由物理学领域拓展到其他领域，如企业不可逆问题等，张国斌等认为"不可逆性因素是指人为所采取的任何方式、任何途径的努力都不能阻止其向良性方面转化，这种无力回转的因素叫不可逆性因素。"

不可逆因素又包括"原发性不可逆性因素和继发性不可逆性因素。"而原发性不可逆因素的"成因是企业受行业类别的影响和创办企业时生产力水平定位、生产工艺定位、生产产品定位等方面所造成的错位，使得企业生成后就摆脱不了

① 玻尔兹曼对不可逆性的统计诠释. http://zh. wikipedia. org/zh-cn/% E4% B8% 8D% E5% 8F% AF% E9% 80% 86% E6% 80% A7［2010-07-21］.

② 王哲. 不可逆系统稳定性的 3 个判别准则. 北京交通大学学报, 2005, 29（1）: 41-43, 52.

③ 李小博, 朱丽君. 时间不可逆性思想的科学价值. 系统辨证学学报, 2002.10（4）: 86-89, 93.

④ 普里高津. 确定性的终结: 时间、混沌与新自然法则. 上海: 上海科技教育出版社, 1998; Costa M, Goldberger AL; Peng K. Broken asymmetry of the human heartbeat: loss of time Irreversibility in aging and disease. Physical review letters, 2005, 95（19）.

落后的劳动力素质、生产工艺、生产设备、生产环境和产品制约，使企业内力不足，能量枯竭，企业生存环境日趋恶化，进而走向不归之路。对于继发性不可逆性因素，企业的不可逆性因素多数是由于在可逆性因素阶段，由于宏观管理的失控、失调，没有形成向良性方向转变的趋势，使可逆性因素向良性转变的愿望没有实现，造成了可逆性因素沉淀、沉积而成为不可逆性因素。"①

周金锁在《初论信息与熵的抗争》中指出"从本体论层次来说，信息就是系统状态变化的表征。没有变化就没有信息。从认识论层次来说，系统接受信息的刺激，就可能引起自身状态的变化。换句话说，信息可以控制和支配物质与能量的转化和分配，使其更加有序。""信息传播系统模型也可以表示为：信息源—信息表达形式—通信系统—可再现信息的载体或表达形式—受信方。其中的通信系统环节，就是我们通常熟悉的香农通信系统模型：信源（发信方）—信道—信宿（收信方）。"② 说明信息的本质及作用促使其系统发展变化，而这种变化实际上就增加了其不可逆性。从上述描述我们可以看出，无论是时间问题还是系统问题，以及企业发展实际问题，都表现出了不可逆的常态和可逆的例外情况，因此我们认为要特别关注不可逆问题，主要包括基于时间的事实不可逆（fact-irreversibility）和数据不可逆（data-irreversibility）、信息不可逆（information-irreversibility）。当然在谈论不可逆问题时，并不是要否定其可逆性。

这些可逆与不可逆问题表现在不同领域其复杂程度也是不同的，如在社会发展中的组织变革问题中保罗·桑杰（Paul Shrivastava）提出组织变革的问题处于对知识生态表示的理解缺乏的状态。在某种意义上，知识生态是一个扩展的组织虚拟大脑，他代表了全新的复杂性组织。这种变化使得生态学扩展的知识功能和存取远远超出了个人、部门和组织的认知能力，换句话说超出了该组织的集体认知地图的范围（the collective cognitive map of the organization）。因此许多管理人员和员工发现难以理解。③ 这是第一点要说明的。那么第二点是我们同时可以明确以下几个方面：一是无论是物理学领域对可逆与不可逆问题的判断还是自然界的自然法则均说明不可逆是常态，而可逆则是例外（普里高津）；二是微观上具有可逆性，而宏观上则具有不可逆性；三是可逆与不可逆性往往是由过程来体现

---

① 张国斌，张国强，张光复．企业管理中不可逆性因素的研究．农场经济管理，2002，（5）：29-30.

② 周金锁．初论信息与熵的抗争．http：//d. g. wanfangdata. com. cn/Conference_ 6763533. aspx［2010-07-21］．

③ Shrivastava P. Knowledge ecology：knowledge ecosystems for business Education and training. http：//www. facstaff. bucknell. edu/shrivast/KnowledgeEcology. html［2010-03-10］．

的，而过程则又是由要素质量和满足条件来决定的。因而在信息运动生态系统中，无论是对要素协同的判断，还是对子系统之间的协同判断，以及要素与子系统、要素与系统、子系统与系统等协同的判断，都是在一定的时间和空间范围之内对信息种群及行为活动、相互作用与影响等方面展开的，因此既涉及时间和空间问题，又涉及数据、信息、知识与事实的问题，且是在多维立体的动态发展中研究的。这就说明对其进行研究必然也涉及时间、事实等的可逆与不可逆问题。

通过上述描述，我们是否可以这样理解，信息运动生态也会随社会的发展与变革而不断变化，信息种群在生态变化的同时，其群体的认知水平和认知能力也将会出现变化，而这种变化是否能够体现其自组织、自适应性，在一定程度上将会影响信息生态的整体协同效果和演进过程。例如，李玉杰和刘志峰所提出的健康的信息生态系统通过内部要素的有机协同与外部环境的适应互动，产生信息管理构成要素简单叠加所不具有的新的功能，即系统整体性。在构成要素、内部结构和外部环境共同作用下自组织产生的对内和对外的共生效应。从外部环境上看，存在许多与信息管理相联系的环境因子，既有社会经济、政治、文化、科技、教育等社会性因子，也有信息提供者、竞争者、合作者等主体性因子。每一个环境因子都不同程度地对信息管理的计划制定、组织设计、实施运作和控制安排产生影响。多数环境因子并不是外在于信息管理的过程、环节而独立存在，而是广泛渗透在信息管理的整个过程，与信息管理的内部构成要素共同形成一个具有特定关系结构、功能机制和作用表现的信息生态系统①。

然而，在信息运动生态系统中可逆与不可逆问题是如何表现的呢？作者认为：第一，在微观和静态情况下一般是可逆的，但在宏观情况下通常是不可逆的。因为信息生态与其他社会生态系统具有同样的属性，所以不可逆应该也是信息运动生态系统的常态，而可逆则属例外。第二，因为信息运动生态的内涵主要体现在运动和演变，既然如此，说明信息种群是变化的，信息行为是变化的，那么其内外生态要素也必然是变化的。既然是变化的，又说明信息运动生态系统是一个开放性的系统，而在开放系统中，必然表现出不可逆的特征。第三，从诸多理论的研究结果看，无论是信息论、系统论、耗散结构理论还是一般应用理论中的结果基本上都说明不可逆的常态性，如既是一个具体的系统中由于其要素的结构、层次，以及生长变化，乃至对系统本身的重组或破坏体现了不可逆的过程；突变论所研究的在系统的临界点所偶然产生的突变因素，实际上也表现出了不可

---

① 李玉杰，刘志峰. 信息生态系统健康的内涵本质及评价体系研究. 科技管理研究，2009，（6）：263-266.

逆的征兆。

换言之，就是由于主体的变化、系统的发展、生态要素的改变等，必然使得开放系统中信息种群与信息行为，以及由信息行为产生的结果，都不可能找到完全相同的序参量、要素、内外生态，使其得以反演，这也是不可逆是信息运动生态系统常态的基本依据。这就要求我们无论在政策层面、技术层面，还是在信息运动层面都需不断优化信息生态。尽可能使信息运动处于良好的环境中。之所以这样说，一方面是因为信息生态是不断变化的，信息在其运动中绝大多数情况下不可反演；另一方面信息生态运动系统协同强调的是整体协同，任何一个环节或层面出现问题都会影响全局。否则，一旦信息生态出现问题，那么其失误很可能是无法弥补的。

第 8 章　认识及思考

8.1　几 点 认 识

通过对信息运动生态协同问题的系统研究，作者认为：基于信息运动生态系统的复杂性，的确需要站在不同的角度进行考量，如从协同理念的角度考量，信息生态系统就是特定环境中由人、实践、价值和技术构造的一个系统，信息生态系统中存在各种子系统和"物种"，它们之间是协同互动的，在协同互动中推动系统演化。标准和规范是系统协同互动的数字神经①。因此，在对信息运动生态系统的协同效果进行判断时，应树立层次、整体、系统和进化等理念。

从层次理念的角度讲，任何物质的构成和内涵均具有层次性，信息运动生态系统必然也具有层次性；从整体理念上讲，信息运动生态中的每一个高级层次均具有下级层次所不具备的某些整体特质，而这些特质并不是下级层次中单元特性的简单叠加，而是在层次构建过程中产生的；从系统理念的角度讲，一般认为系统是由相互联系、相互作用的元素按一定结构组成的功能整体，信息运动生态也不例外；再从进化理念的角度看，协同进化的现象是普遍存在的。它更强调物种之间的相互作用，可以说它是进化论与生态学的一个重要交叉点。因此，协同进化的理念应是信息运动生态研究中始终应该把握的指导原则。从效能的角度考量，信息运动最终的基本目的是在协同进化的过程中实现信息在其生态环境下能够产生增殖（proliferation）与增值（increase in value）的基本效能。而这些效能的产生则取决于信息运动过程中信息生态的协同效果。因此既要考虑经济效能，又要考虑社会效能，同时还要关注具体领域实证方面的效能。从市场的角度看，

---

① 余胜泉. 无线技术优化教育信息生态. http：//www.edu.cn［2008-05-28］.

应该考虑三个因素，即信息流／透明度（information flow/transparency）；信息不对称（information asymmetry）；交易成本（transaction cost）①。从社会效能角度看，在符合信息作用匹配规则下，信息对运动效率和运动结果具有增益作用，提高信息主体的活动效率（认知效率、生产效率、市场效率、管理效率等），使活动产出（包括物质资产和知识资产）在数量上增加和品质上提升。② 从实证的角度看，对于不同的信息或知识生态系统研究均有不同结构关系和内涵表现形式，如保罗·桑杰提出"要理解作为生产经营知识的生态，其核心是将重点放在知识生态系统，这些知识生态系统的投入、流量和产出，取决于开放环境下的知识交流及运作"。以网络知识生态系统为例，这些系统包括相互关联的知识资源、数据库、人类专家，以及人工知识代理，共同组成一个随地执行任务的组织提供在线知识。而在网络知识生态系统中涉及的关键要素包括核心技术、关键的相互依存关系、知识发动机和代理商、表演性的行动。③ 因而，我们只有从不同的侧面进行系统研究，才能收到明显的效果。

信息运动生态是一个复杂的巨系统，它不仅包括狭义的信息运动子系统，而且包括内外生态子系统。因此，本书所研究的协同和演进包括三个方面的要素，即要素之间的协同、子系统之间的协同以及子系统与整体之间的协同问题，而这些协同是相互影响和相互制约以及共同促进与发展的。同时，该巨系统又是一个开放系统。

信息运动生态系统中是以信息人和由信息人构成的不同信息种群为核心要素。一方面，信息人始终决定和影响着信息生态的演化和信息运动的方向。因为信息生态是社会生态的范畴，在一定程度上具有自然生态的属性（如种群竞争），又独具信息种群可以改变生态的特质。另一方面，信息运动生态的不断发展与变化是以信息种群的行为和信息运动为根本的。如前所述，早期在研究信息种群中往往是狭义的信息生产、组织、处理、传播和转化等范畴之内，但事实上信息种群同样包括信息内外生态环境中所从事信息活动的不同种群，如政策制定过程中、经济发展规划和运行中、教育和科技活动中，以及文化提升过程中的信息活动者和信息利用者；信息政策制定者、信息经济创造者、信息技术开发者、

---

① Fairchild A M. Decision management: role and effect of using an intelligent intermediary to aid in information sharing. Information Technology and Management, 2006, 7 (4): 249-258.

② 施友连. 基于信息运动模型的信息作用机理研究. 现代情报, 2007, (6): 60-62.

③ Shrivastava P. Knowledge ecology: knowledge ecosystems for business education and training. http://www. facstaff. bucknell. edu/shrivast/KnowledgeEcology. html [2010-01-12].

信息教育工作者乃至信息文化伦理的建设和塑造者等。这些不同信息种群的信息行为和所开展的一系列信息活动不仅可以构成信息运动生态体系的内涵，而且也不断影响着人类社会的发展进程。

信息运动生态强调的是运动。这里的运动包括三个方面的含义：一是信息人运动，在研究的过程中信息人始终是处于不断发展和变化的。二是信息运动，如从信息生产到转化一个完整的生命周期中信息始终也处在不断增值或减值的过程，而增值与减值又是在信息运动过程中发生的。基于这两个方面使得信息生态必然也处在不断的发展变化中。过去人们在研究的过程中多强调的是增值与发展问题，而对减值和萎缩关注不够。因此我们认为往往减值和萎缩更应该是需要关注的焦点。三是在前两个方面的基础上，决定了信息环境（内外生态）也是不断发展变化的。因此有理由认为信息生态系统是在不断的运动中演进的。

信息运动生态协同强调的是质的协同，也就是说包括信息种群素养和理念的协同、认知的协同、目标的协同、发展战略之间的协同等。这是协同最基础的东西。在此基础上，一方面再进行对信息内外生态之间的协同、信息环境与信息人行为及活动的协同；另一方面要实现本质上的协同就需要对协同的形式进行研究，如信息场要素协同、信息种群竞争协同、信息生态链节点之间的协同以及整体之间的协同，这一点在图 7-1 和表 7-1 中表现的很清楚。例如，在政策、信息政策以及信息生产政策中，尽管都是政策范畴，但是其专指性是有很大不同的，政策是国家的、宏观层面的，信息政策是中观的、行业的，而信息生产政策则是微观的、局部的和具体领域的，要实现其协同，如果仅看形式是不够的，如某国家政策中是否有相关的信息发展问题，信息政策中是否有相关的信息生产问题等这只是条文的表现，往往很难判断其真正的实质，因此这就涉及不同层面政策制定者的理念、认知和态度等。如果不同信息种群在对信息化和发展有基本一致的理念和认知水平，且有关注程度较为相近的目标认同，才可能达到协同的目的，否则很难实现本质上的协同。

具体来说：从信息种群的角度讲，无论是政策制定者、技术开发和研究者、教育与文化培养者，乃至信息活动中的生产、组织、传播和利用转化者，要实现理念和认知的协同，首先要做到素养方面的协同。例如，日本学者研究信息化过程中的信息主体就将其设定在大学生及以上范畴，意思是如果没有这样的学历和学力层次是很难对信息化的内涵进行理解认识和把握的，这就要求先要基于学力的信息种群整体素质的提升，当然这只是问题的一个方面，素养是一个复杂的概念，仅仅靠学力是不够的，还要通过社会、文化等共同价值观影响信息种群，从而使信息种群的素养得到真正意义上的或是质的层面上的提升。试想，如果一个国家的整体信息种群能够提高一个等级或层次，那么其效果是不可估量的，如美国学者舒尔茨曾经提出，如果一个组织的员工的整体提高一个年级的水平，那么该组织的利润将会增长 14% ~ 18%，说明素质提升的重要性和协同提升素质效果。

从信息资源的角度讲，其协同则应该包括可持续发展的战略层面的协同，从信息资源规划、信息构建、信息集成、信息资源配置和信息资源共享等方面全方位的协同和共同发展。从信息内外生态的角度讲，其协同就更加复杂，仅就政策而言，任何一个国家都有自己的中长期发展政策。这种政策的目标往往是似乎容易提出，但是从本质上看就要复杂的多，因为政策又包括政策目标、政策结构、政策内容和政策实施等，对每一个要素都要充分考虑各自的具体状况、外围状况、基本经济基础、基础设施、技术能力、人力资源状况等一系列因素。同时，还要考虑宏观政策与中观、微观政策之间关联度、关联效应，内容指向的行业、区域、时间等，政策结构的严谨程度、认可度、影响度等，政策实施的可认知度、可信度、可操作度以及相关阻力的排除和调控等。如果与信息内生态结合自然要考虑这种政策与信息政策之间涉及前面一系列问题之间的协同问题，否则协同很难实现，那么所谓演进可能就难度更大。

协同研究是过程，共生共发展是目的。因此，在强调本质协同的同时，我们借鉴信息分析的基本理念提出了优化要素成分、优化结构以及优化结构环境的基本思想，对包括元动力、动力和运动等在内的要素成分、要素和结构不断进行优化。同时提出了序参量、适应性和可逆与不可逆问题，如，关于序参量，我们认为信息生态领域应该是信息共享与转化效果。这些问题的提出目的就在于使我们能够从认知过程、行为过程或竞争过程和发展过程等角度对信息运动生态的发展与进化进行更加科学、客观的判断。

总而言之，信息运动生态协同演进重点在于强调：在一个复杂巨系统中以信息种群及其活动为前提，以信息运动为基础，以其质的协同为根本，以共生与发展为目标的协同演进体系。因此，在此研究中无论从信息场、信息生态位，还是信息生态链的角度，重点都在于实现信息运动生态发展动力（包括元动力和基本动力）质量及公平的协同；信息量、信息速度和信息效益的协同；不同信息发展模式之间的协同；信息种群与信息内外生态、信息种群自身的协同；信息生态利益之间的协同（包括信息人个体利益、信息种群利益、公众与整体利益）。这一点牛文元在《可持续发展是中国的必然选择》中所提出的协调发展的内涵，可以给我们以借鉴和思考，他认为协调发展的内涵有五个："发展动力、发展质量、发展公平"的有机协调；"发展数量、发展效益、发展速度"的有机协调；

"点状发展、轴状发展、面状发展"的有机协调；"人与自然、人与人、人自身"的有机协调；"个体利益、团体利益、整体利益"的有机协调。① 从而为信息生态协同演进的进一步研究提供一定的支持和参照。

8.2　有待研究的问题

信息运动生态的协同发展与演进问题是一个长期研究的内容，我们将会主要对以下问题进行继续研究。

（1）宏观方面。从可持续发展的角度对信息内外生态目标要素的专指度和连续性进行研究，将会用连续数十年的数据对其进行进一步的判断和分析。例如，信息政策要素，将会考察对改革开放以来我国信息政策目标内涵的变化、执行、持续效果进行追踪研究。

从信息教育的角度对我国几十年来信息人才培养规模、数量、结构层次以及社会反馈对国家信息种群质量进行研究；从信息伦理的角度对信息种群的信息行为进行研究，包括政府信息行为、企业信息行为等；从区域的角度对不同国家信息生态进行比较研究，将以此进一步判断信息生态演进的规律。这些是宏观方面的问题。

（2）微观方面。我们还将继续对信息时空分布链的结构合理性、信息运动链中的信息流偏离度、信息生态链中政治文化的适应性、科学技术的基础性和政策法律的保障性等进行研究。对信息生态位和信息场的协同性、信息生态链要素之间的协同性等进行细化研究。对国内不同领域的信息生态状况进行追踪研究等。

---

① 牛文元. 可持续发展是中国的必然选择. http://investchina. org. cn/chinese/zhuanti/xxsb/544594. htm［2010-08-26］.

参 考 文 献

博伊索特 . 2005. 知识资产——在信息经济中赢得竞争优势 . 上海：上海人民出版社 .

蔡文 . 1983. 可拓集合和不相容问题 . 科学探索学报，（1）：83-97.

蔡文，等 . 2003. 可拓逻辑初步 . 北京：科学出版社 .

蔡文，等 . 2008. 可拓集与可拓数据挖掘 . 北京：科学出版社 .

陈道志 . 2005. 从信息链的角度探究供应链管理模式 . 情报科学，2005，（8）：1262-1265.

陈睿，洪伟，吴承祯，等 . 2004. 毛竹混交林主要种群多维生态位特征 . 应用与环境生物学报，2004，（6）：724-728.

陈桑年，等 . 1991. 网络现代场论 . 北京：电子工业出版社 .

陈伟 . 2004. 人力防火墙管理系列之二：让防火墙永驻人心 . http：//industry. ccidnet. com/art/28/20040323/97633_ 1. html［2009-11-13］.

陈文伟，黄金才 . 2006. 可拓知识与可拓数据挖掘 . 广西师范大学学报（自然科学版），（24）：159-162.

陈喜乐，廖志丹 . 2001. 试论知识创新信息运动 . 自然辩证法研究，（1）：37-42.

程鹏 . 2008. 信息生态循环圈——关于"信息人"生存的学问 . http：//www. studa. net/shehuiqita/080626/17082160-2. html［2009-12-15］.

程霞 . 2006. 信息构建对网络信息生态系统的影响研究 . 图书情报通讯，（2）：9.

邓宇，等 . 2007. 信息运动学 . 职业与健康，23（17）：1555-1556.

丁裕国 . 横断科学的典范——协同学及其应用讲座（3）. http：//www. sciencenet. cn/blog/Print. aspx？id＝43277［2010-03-26］.

樊治平，冯博，俞竹超 . 2007. 知识协同的发展及研究展望 . 科学学与科学技术管理，（11）：85-90.

高辉 . 2007. 基于产业集群理论的区域品牌评价及发展研究 . 天津：天津大学硕士学位论文 .

顾肖慈 . 2003. 信息运动规律与文献信息分类 . 情报杂志，（10）：21；20.

郭咸刚 . 2006. G 管理模式宣言 . 北京：新华出版社 .

韩刚，覃正 . 2007. 信息生态链：一个理论框架 . 理论与探索，（1）：18-20，32.

何传启 . 中国生态现代化的路径图 . 高科技与产业化，2007，（9）：30-32.

何晓兵 . 2009. 信息场理论在情报分析中的应用 . 现代情报，（1）：26-28，31.

贺巷超 . 2007. 图书馆信息场初论 . 图书馆理论与实践，（1）：1-3.

蒋国瑞，杨晓燕，赵书良 . 2007. 基于协同学的 Multi- Agent 合作系统研究 . 计算机应用研究，（5）：63-65.

康松林，施荣华 . 2006. 基于信息元的教学资源组织系统的设计与实现 . 电脑与信息技术，（4）：20-23.

克劳斯·迈因策尔．哈肯、协同学与复杂性．斯平译．http：//www. implight. net/node/3863
　　［2009-07-12］．

李德昌．2004. 信息力学与对称化管理．西安交通大学学报（社会科学版），24（2）：13-19.

李德昌．2008. 文化场与南北对话．http：//unit. xjtu. edu. cn/colphy/xwll/0309tekan/tekan3. htm
　　［2008-09-16］．

李岗．2004. 论传播场的基本特征．西南交通大学学报（社会科学版），（2）：107-109.

李嘉明，甘慧．2009. 基于协同学理论的产学研联盟演进机制研究．科研管理，30（增刊）：
　　166-172，212.

李美娣．1998. 信息生态系统的剖析．情报杂志，17（4）：3.

李世清，张良．2000. 论21世纪市场学中的信息场．江汉论坛，（5）：34-37.

李小博，朱丽君．2002. 时间不可逆性思想的科学价值．系统辨证学学报，10（4）：86-
　　89，93.

李玉杰，刘志峰．2009. 信息生态系统健康的内涵、本质及评价体系研究．科技管理研究，
　　（6）：263-266.

李玉琼．2000. 论网络信息运动过程中的干扰因素．中华医学图书馆杂志（双月刊），（3）：
　　17-18.

刘巍，张秀芳．1998. 基于可拓信息的知识表示．系统工程理论与实践，（1）：104.

刘巍，高红，葛维燕，等．2001. 信息物元的度量及可拓信息空间的化简．广州工业大学学
　　报，（1）：8-12.

刘巍，季晟，康松林．2000. 可拓信息的基本理论与方法研究．系统工程理论与实践，
　　（11）：125.

娄策群．2006. 信息生态位理论探讨．图书情报知识，（5）：23-27.

娄策群，赵桂芹．2006. 信息生态平衡及其在构建和谐社会中的作用．情报科学，11（24）：
　　1606-1610.

娄策群，周承聪．2007. 信息生态链中的信息流转．情报理论与实践，（6）：725-727.

娄赤刚．2007. 信息生态系统中的信息组织协同．经济与科技，（8）：68-69.

卢剑波．2005. 信息生态学．北京：化学工业出版社．

毛鸿鹏．2006. 信息运动范式与贸易壁垒中的标准情报．辽宁经济，（6）：27.

毛钧杰，等．2004. 电磁场与微波工程基础．北京：电子工业出版社．

穆胜．2007. 场力分析助推重庆机场薪酬改革．中国人力资源开发，（8）：88-92.

宁家骏．2009. 高度重视电子政务应用系统的协同．中国信息界，（5）：28-31.

庞永，赵艳萍．2007. 基于序参量的企业协同趋向分析．中国管理信息化，10（11）：49-52.

裴成发．2000. 信息分析．西安：西安出版社．

裴成发．2009. 信息运动生态协同演进论纲．图书情报工作，（20）：43-47.

普里高津．1998. 确定性的终结：时间、混沌与新自然法则．上海：上海科技教育出版社．

乔立恭．信息化教育基础——自构建学习理论．http：//www. jeast. net/magazine/ebook/

contents/01/03. htm［2008-10-12］.

单汩源, 张人龙. 2009. 基于定制—NET DEA 模型的 MC 质量链过程协同分析研究. 科技管理研究, (4): 173-175.

施友连. 2007. 基于信息运动模型的信息作用机理研究. 现代情报, (6): 60-62.

宋贵宝, 等. 2009. 基于协同学的企业科学发展模式探讨. 中国高新技术企业, (4): 194-196.

孙金立, 孙薇. 2008. 信息链结构之探讨. (3): 14-16.

孙忠林, 崔焕庆. 2009. 面向多类用户的电子政务信息协同模式研究. 山东科技大学学报 (自然科学版), (1): 79-82.

唐本安, 陈春福, 邱彭华. 2007. 生态海南生态位理论初步探讨. http://www.99ehn.com/ecf/dierjie/lunwen/2007-12-27/38760.html［2010-05-23］.

田春虎. 2005. 信息生态问题初探. 情报杂志, (2): 90.

田大伦. 2008. 高级生态学. 北京: 科学出版社.

万祖安, 李爱国. 社会场论纲——"自然－文化－人"统一和谐论 (上). http://wzazw.blog.sohu.com/2517157.html［2008-08-07］.

汪社教. 2010. 信息生态学发展方向研究. 图书情报工作网刊, (4): 1-4.

王炳杰. 2009. 国内高新技术行业技术创新灰色关联分析. 特区经济, (10): 275-277.

王静, 贾成伟, 张健沛, 等. 2008. 基于可拓理论的描述逻辑扩展. 计算机应用, (28): 2072.

王宁, 王延章, 于淼, 等. 2005. 面向协同工作的信息流模型研究. 计算机科学, (10): 114-117.

王习加. 2004. 场的统一模型及其验证. http://blog.gmw.cn/u/2770/archives/2004/6070.html［2010-07-12］.

王晓斯. 2007. 冶金企业技术创新系统协同评价研究. 天津: 天津大学硕士学位论文.

王玉. 2007. 论 E 企业的协同电子商务模式. http://info.feno.cn/2007/130204/c000073560.shtml［2009-08-23］.

王哲. 2005. 不可逆系统稳定性的 3 个判别准则. 北京交通大学学报, 29 (1): 41-43, 52.

维果茨基. 1994. 维果茨基教育论著选. 余震球译. 北京: 人民教育出版社.

吴秋明, 周碧华, 陈捷娜. 2008. 产业集群 "场力" 评价模型及影响参量分析. 科学学研究, 26 (10) 增刊 (上): 65-69.

武春友. 2006. 资源效率与生态规划管理. 北京: 清华大学出版社.

项德生. 1992. 试论舆论场与信息场. 郑州大学学报 (哲学社会科学版), (5): 1-6.

肖峰. 2005. 信息生态的哲学维度. 河北学刊, (1): 49-53.

谢立虹. 2002. 网络空间中的信息生态问题. 图书馆, (2): 11.

徐金法. 2000. 信息运动与社会进步——人类四次信息大交流影响述论. 周口师范高等专科学校学报, (5): 94-97.

许伟. 2010. 供应链中信息共享障碍与协同研究. 中国新技术新产品, (7): 53-54.

鄢飞，董千里．2009. 物流网络的协同效应分析．北京交通大学学报（社会科学版），（1）：
　28-32.

杨春燕，蔡文．2000. 可拓工程研究．中国工程科学，（12）：90-96.

叶青．1998. 信息空间与精神空间．情报科学，（5）：46-50.

余胜泉．无线技术优化教育信息生态．http：//www. edu. cn ［2008-05-28］.

曾健，张一方．2000. 社会协同学．北京：科学出版社.

张福学．2002. 信息生态学的初步研究．情报科学，20（1）：31-34.

张国斌，张国强，张光复．2002. 企业管理中不可逆性因素的研究．农场经济管理，（5）：
　29-30.

张继国，何春元．2006. 信息场的数学结构分析．情报杂志，（8）：16.

张凯．2002. 信息场的实变分析．情报杂志，（2）：9.

张凯．2003. 信息场的性能分析．情报杂志，（2）：19-20，23.

张力．2006. 运用"场"学说探讨针灸经络．上海针灸杂志，（1）：36-38.

张小军．1991. 社会场论．北京：团结出版社.

赵扬，郭明晶．2008. 分布式信息资源协同配置机制研究．图书情报工作，（6）：71-74，123.

赵云合，娄策群，齐芬．2009. 信息生态系统的平衡机制．图书情报工作，（18）：22-25.

郑锋，涂平，等．2006. 基于 Web Services 的政务信息共享平台．计算机工程，（4）：134-
　136，206.

周金锁．2008. 初论信息与熵的抗争．中国电子学会第十五届信息论学术年会暨第一届全国网
　络编码学术年会论文集.

周世杰，陶虹沅，林炎莹．灰色关联度分析．http：//210. 240. 3. 2/dinner/ed92/decidfc/
　1701. doc ［2010-06-21］.

周涛．2009. 政府信息增值利用保障机制研究．中国科技资源导刊，（3）：5-9.

朱建勇，樊孝忠．2006. 基于网格技术的电子政务平台研究与设计．计算机科学，（1）：127-
　129，136.

朱金兆，朱清科，等．2003. 生态位理论及其测度研究进展．北京林业大学学报，25（1）：
　100-107.

邹晓泉．2002. 企业的信息结构：信息流三个层次做保证．http：//www. amteam. org/k/ITSP/
　2002-12/456089. html ［2009-10-27］.

左昕，杨志兵，张发平．2004. 信息场在加工变形与误差分析中的应用．成组技术与生产现代
　化，（1）：16-18，46.

Andrew Whitaker. 2006. Einstein Bohr and the Quantum dilemma：from quantum theory to quantum in-
　formation（Second Editon）．Cambridge University Press.

Baker K S, Geoffrey C. 2007. Bowker. Information ecology：open system environment for data,
　memories, and knowing. J Intell Inf Syst, （29）：127-144.

Benson R. 1999. Review：field theory in comparative context：a new paradigm for media studies. Theory and Society, 28 (3:) 463-498.

Bonnie A Nardi, Vicki L O'Day. 1999. Information ecologies: using technology with heart. The MIT Press.

Bullock D, Frohman C, Kania-Bartoszyńska J. 1998. Topological interpretations of Lattice Gauge field theory. Communications in Mathematical Physics, 198 (1): 47-81.

Capurro R. 1990. Towards an information ecology Wormell I. Information quality. definitions and dimensions. London: Taylor Graham, 1990: 122-139.

Chen Y J, Guo H. 2005. Quasielastic electron scattering in relativistic mean-field theory. The European Physical Journal A - Hadrons and Nuclei, 24 (2): 211-216

Choo C W, Detlor B, Turnbull D. 2000. Information seeking and knowledge work on the world Wide Web. Kluwer Academic Publishers.

Costa M, Goldberger A L, Peng C K. 2005. Broken asymmetry of the human heartbeat: loss of time irreversibility in aging and disease. Physical review letters, 95 (19) .

Cram J. 2003. The default library and the veil of ignorance: personal service design and delivery in a virtual service age. 12th ALIA National Library Technicians Conference. Bridging services-embracing reality.

Dash J W, Jones S T. 1984. The reggeon field theory and finite scales at collider energies . Zeitschrift für Physik C Particles and Fields, 22 (1): 49-52.

Day O. 1999. Information ecologies: using technology with heart. MIT Press

Detlor B. 2001. The influence of information ecology on e- commerce initiatives. Internet Research, 11 (4):286-295.

Dhar J, Katayama Y. 1965. The meson- nucleon coupling constants in Heisenbergs nonlinear field theory . Il Nuovo Cimento (1955-1965), 36 (2): 533-541.

Ehrlick P R, Raven P H. 1964. Butterflies and plants: a study in coevolution. Evolution, (8) .

El Naschie M S. 2008. Towards a quantum field theory without Gribov copies and similar problems. Chaos, Solitons & Fractals, 38 (4): 936-938.

Ellis D. 1989. A Behavioral approach to information retrieval design. Journal of Documentation, 45 (3): 171-212.

Ensslin T A, Frommert M, Kitaura F S. Information field theory for cosmological perturbation reconstruction and non-linear signal analysis. http: //arxiv. org/abs/0806. 3474 [2010-07-11] .

Eryomin A L. 1998. Information ecology—a viewpoint. International Journal of Environmental Studies, 54 (3/4) .

Fairchild A M. 2006. Decision management: role and effect of using an intelligent intermediary to aid in information sharing. InformationTechnology Manage, (7): 249-258.

Foster J, Wild P. 1996. Economic evolution and the science of synergetics. Jurnarl of Evolutionary Economics, (6): 239-260.

Gabbiani F, Fröhlich J. 1993. Operator algebras and conformal field theory. Communications in Mathematical Physics, 155 (3): 569-640.

Granovetter M S. 1973. The strength of weak ties. America Journal of Sociology, (78): 1360-1380.

Gray Southon F C, Todd R J, Seneque M. 2002. Knowledge management in three organizations: an exploratory study. Journal of the American Society for Information Science and Technology, 53 (12):1047-1059.

Haken H, Knyazeva H. 2000. Arbitrariness in nature: synergetics and evolutionary laws of prohibition. Journal for General Philosophy of Science, 31: 57-73.

Haken H, Wunderlin A, Yigitbasi S. 1995. An introduction to synergetics. Open Systems & Information Dynamics, 3 (1): 97-130.

Haken H. 1980. Synergetics—are cooperative phenomena governed by universal principles. Naturwissenschaften, 67 (3): 121-128.

Law W K. 2003. Information resources development challenges in a cross-cultural environment. Managing globally with information technology. IGI Publishing Hershey, PA, USA.

Marchionini G. 1995. Information seeking in electronic environments. New York: Cambridge University Press.

McPherson C. 2000. Asymmetry of information, entrepreneurship and complex environments: a study of market stimulation and destruction in the satellite television industry. European Business Review, 12 (4): 198-207.

Michael E, Carlos F D. 2006. Bus lines with intermittent priority strategy formulate and an evaluation. Transportation Research Part B, 40 (9): 731-744.

Miller B, Malloy M A, Masek E, et al. 2001. Towards a framework for managing the information environment. information-knowledge-systems management, 2 (4): 359-384.

Rogers E M. 1976. New product adoption and diffusion. Journal of Consumer Research, 2 (March): 290-301.

Rogers E M. 1995. Diffusion of innovations (4th edition). New York: The Free Press.

Shankar R, Vijayaraghavan P, Narendran T. 1999. Modeling customer support performance in Indian IT hardware industry. Journal of Modelling in Management, (3): 232-254.

Toms E G. 2002. Information interaction: providing a framework for information architecture. Journal of the American Society for Information Science and Technology, 53 (10): 855-862.

Tsai B S. 2003. Information landscaping: information mapping, charting, querying and reporting techniques for total quality knowledge management. Information Processing and Management: an International Journal, 39 (4): 639-664.

Tuomi I. 1999. Data is more than knowledge: implications of the reversed knowledge hierarchy for knowledge management and organizational memory. Journal of Management Information Systems, 16 (3): 103-117.

Von Thaden T L. Building a foundation to study distributed information behaviour. Information Research, 12 (3): 312.

Wilson T D. 2000. Human information behavior. Information Sciense, 3 (2): 49-56.